榜样与梦想
青少年励志书系

要么飞，要么枯萎

用榜样的事迹激励我们，远胜过一切的教育。

张赟◎编著

献给有作家梦的少年

知名作家的追梦
故事与文学人生

同样的情怀，不同的笔触，
每一种书写都能抵达心灵深处。

中国经济出版社
CHINA ECONOMIC PUBLISHING HOUSE
北 京

图书在版编目（CIP）数据

要么飞，要么枯萎：知名作家的追梦故事与文学人生/张赟编著.
北京：中国经济出版社，2016.4
（榜样与梦想青少年励志书系）
ISBN 978-7-5136-3928-6
Ⅰ.①要… Ⅱ.①张… Ⅲ.①作家—生平事迹—中国—
现代—青少年读物 Ⅳ.①K825.6-49
中国版本图书馆 CIP 数据核字（2015）第 191136 号

策划编辑 崔姜薇
责任编辑 焦晓云
责任审读 贺 静
责任印制 马小宾
封面插图 赵月焱
封面设计 任燕飞装帧设计工作室

出版发行 中国经济出版社
印 刷 者 北京科信印刷有限公司
经 销 者 各地新华书店
开 本 710mm×1000mm 1/16
印 张 12
字 数 190 千字
版 次 2016 年 4 月第 1 版
印 次 2016 年 4 月第 1 版
定 价 38.00 元
广告经营许可证 京西工商广字第 8179 号

中国经济出版社 **网址** www.economyph.com **社址** 北京市西城区百万庄北街 3 号 **邮编** 100037
本版图书如存在印装质量问题，请与本社发行中心联系调换（联系电话：010-68330607）

序

我接触过很多喜好文学的同龄人，跟他们很谈得来。喜好文学的青年人，眉宇间都散发着一种文气，或许这是文人的固有气质吧，也正印证了“腹有诗书气自华”这句古话。跟喜好文学的人聊天，三句话不离书，五句话就得引经据典，好不有趣，与他们交谈片刻便感觉已然在祖国的大好河山之间遨游了一番，颇“涨姿势”。

但是，他们中的绝大部分人都对自己的未来相当迷惘。文字是美好的，现实却是冷峻的，每个人都不得不与现实正面接触，逃避是无济于事的。对文学青年来说，文字的魅力是无穷的。他们因为读书或是创作而废寝忘食是非常正常的事。因为喜欢，他们甘愿在文字的海洋里畅流，任思绪天马行空；也因为这份喜欢，他们的语文成绩一般都不错，其他科目却常会落后很多。这让他们成为一群困惑的青年。

这些困惑的青年难以平衡理想与现实，他们都面临着需要解决的温饱问题，却不舍得放下自己的爱好。很多高中生喜欢看韩寒的作品，尤其是男生。韩寒的文章敢于剑指现实，文风犀利，读着实在解气。高中男生将韩寒奉为“大哥”还因为韩寒可谓是第一个“吃螃蟹”的人，他背起书包离开学校的场景或许让无数文学青年歆羡不已——真自由呀，可以做自己喜欢的事情，走自己的路，让别人说去吧。

很多学生都想像韩寒一样，来一场说走就走的旅行以解放自己。他们以为复制韩寒的成功经验，有朝一日便能飞到云端，成为像韩寒一样屈指可数的优秀青年作家，但这种想法是不正确的。青年有飞向云端的梦想和勇气很好，这样人生才会更加有意义，才不会直奔庸碌的处境。但是，我非常不认可丢弃一切只顾追逐梦想的行为，因为成功往往是偶然的，从来都不可以复制，心灵鸡汤讲得再动听也终究是心灵鸡汤，是人为加工出来的，背离现实，不切实际，而且每个人的具体情况也是不一样的。

我并不反对青年先将自己的爱好暂时放下，因为爱好的“生长”也需要阳光和雨露。如果没有适宜的环境，爱好总有一天会在现实的摧残下“枯萎”。当然，你也可以一边创造环境，一边坚持这份爱好，只要你足够“爱”它，你就一定会让它开出“花”来。

文学青年们对未来的专业走向常常很难抉择，是奋不顾身随爱好去，还是走一条很多人看好却与文学一点关系都没有的路，这值得认真思考。本书讲述了莫言、韩寒、郭敬明、蒋方舟、张悦然和张嘉佳六位作家的追梦故事与文学人生，或许从他们的经历中，你会得到一些启示。

其实，路并不是唯一的，你的未来就在你的脚下。

张　赟

2015 年 12 月

目录

CONTENTS

莫言 讲故事的人

美好的事情即将发生

蛮拼的，就蛮有意思的

告别“黑孩”时代

既不神秘，也不高贵

韩寒 在每个繁星坠入深谷的夜里

蒋方舟 她承认她不曾历经沧海

张悦然 水仙已乘鲤鱼去

张嘉佳 让我留在你身边

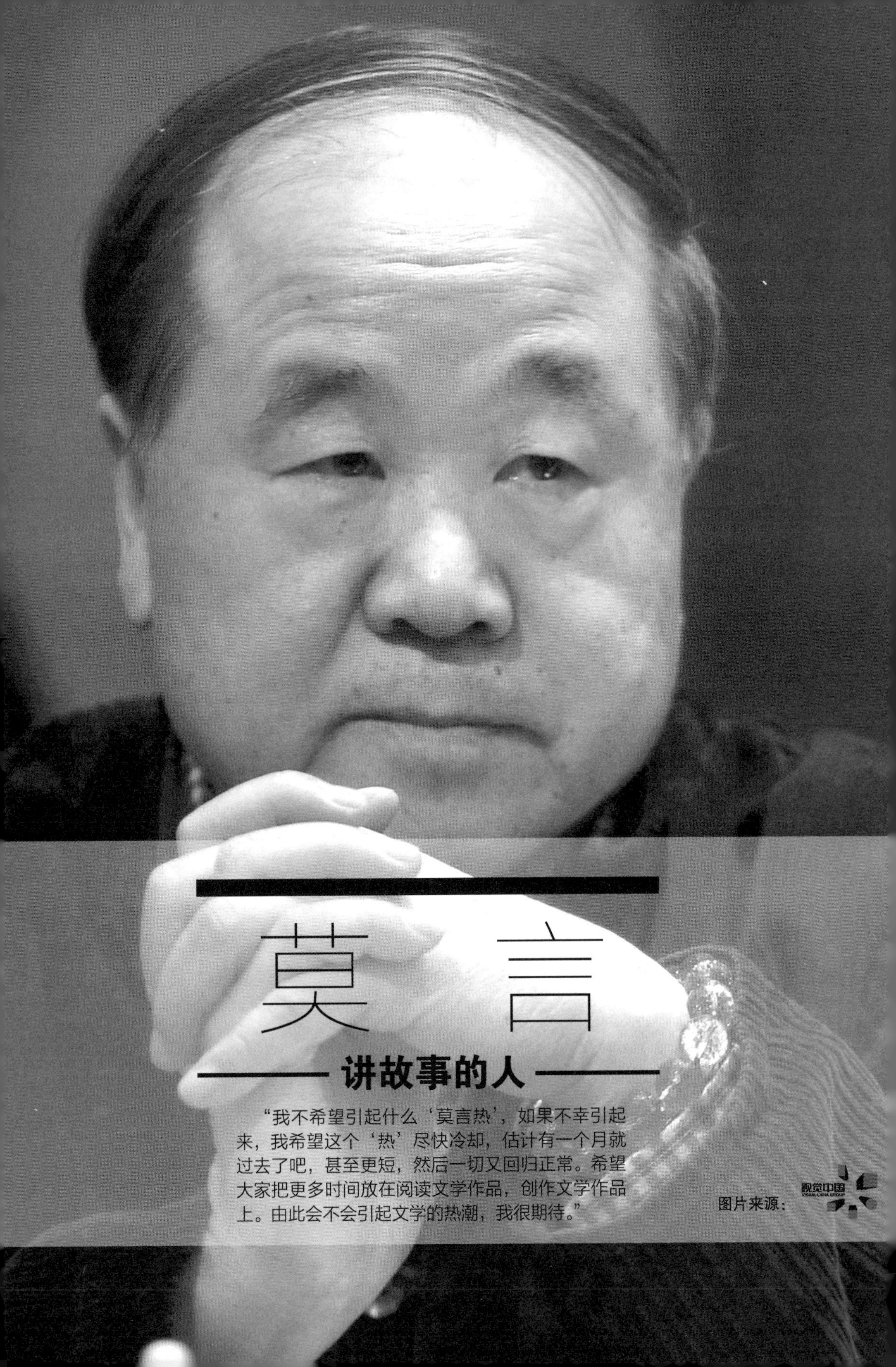

莫 言

讲故事的人

“我不希望引起什么‘莫言热’，如果不幸引起来，我希望这个‘热’尽快冷却，估计有一个月就过去了吧，甚至更短，然后一切又回归正常。希望大家把更多时间放在阅读文学作品，创作文学作品上。由此会不会引起文学的热潮，我很期待。”

图片来源：视觉中国

1955年2月，生于山东高密，童年时在家乡小学读书，后因“文革”辍学，在农村劳动多年。

1976年，加入解放军，历任班长、保密员、图书管理员、教员、干事等职。

1981年，开始创作生涯。发表了《枯河》《秋水》《民间音乐》等作品。

1983年，在《莲池》第二期发表短篇小说《售棉大路》，并被《小说月报》连载。

2000年，《红高粱家族》获亚洲周刊20世纪中文小说100强。

2001年，《檀香刑》获台湾联合报读书人年度文学类最佳书奖。

2003年，《檀香刑》获第1届鼎钧双年文学奖。同年，莫言的短篇小说集《师傅越来越幽默》在美国出版，美国《时代周刊》评论说：“莫言是诺贝尔文学奖的遗珠。”

2004年3月，获法兰西文化艺术骑士勋章；12月，获第三十届意大利NONINO国际文学奖。

2005年，《四十一炮》获第二届华语文学传媒大奖年度杰出成就奖。获香港公开大学荣誉文学博士学位。当年《檀香刑》全票入围茅盾文学奖初选，当时获奖的呼声很高，最后却意外地以一票之差落选，无缘奖项。《檀香刑》的落选也再次引发了文学界关于茅盾文学奖的争议。同年，莫言获得意大利诺尼诺国际文学奖，评委会赞扬他的作品“语言激情澎湃，具有无限丰富的想象空间”。

2006年7月7日，日本福冈市政府宣布，把“第17届福冈亚洲文化奖”授予中国作家莫言。12月15日，第一届中国作家富豪榜发布，莫言以345万元的版税收入，荣登作家富豪榜第20位。

2007年7月，出版散文集《说吧 莫言》。

2008年，《生死疲劳》获第二届红楼梦奖。

2011年8月20日，长篇小说《蛙》获得第八届茅盾文学奖。

2012年10月11日，瑞典文学院宣布中国作家莫言获得2012年诺贝尔文学奖，获奖理由是通过幻觉现实主义将民间故事、历史与当代社会融合在一起。

MOYAN

莫　言

大事年表

1985年2月，因在《中国作家》杂志发表《透明的红萝卜》而一举成名。同年，冯牧在北京华侨大厦主持莫言创作研讨会，汪曾祺、史铁生、李陀、雷达、曾镇南都高度评价了《透明的红萝卜》。莫言在多家刊物同时推出中篇小说《球状闪电》《金发婴儿》《爆炸》及短篇小说《枯河》《老枪》及《白狗秋千架》。

1986年，毕业于解放军艺术学院文学系。在《人民文学》第三期发表中篇小说《红高粱》。与张艺谋合作，将小说改编成电影文学剧本。

1988年春，《红高粱》获西柏林电影节金熊奖。莫言发表长篇小说《天堂蒜薹之歌》，后来这部社会批判作品受到当时的政治风波影响，一度只能在中国的港台地区出版。美国著名汉学家葛浩文在看到这部小说后，感到非常震撼，决定开始翻译莫言小说。葛浩文也成为日后莫言作品走向世界的功臣。

1989年3月，小说《白狗秋千架》获台湾联合报小说奖。

1991年，毕业于北京师范大学鲁迅文学院创作研究生班，并获文艺学硕士学位。

1993年，由葛浩文翻译的《红高粱》英译本在欧美出版，引起热烈回响，被《当代世界文学》（*World Literature Today*）评选为“1993年全球最佳小说”。《纽约时报》评论说：“通过《红高粱》这部小说，莫言把高密东北乡安放在世界文学的版图上。

1997年，长篇小说《丰乳肥臀》夺得中国有史以来最高额奖金的“大家文学奖”。转至地方报社《检察日报》工作，并为报社的影视部撰写连续剧剧本。

2012年诺贝尔文学奖授奖词摘录

• 莫言是个诗人，他扯下程式化的宣传画，使个人从茫茫无名大众中突出出来。他用嘲笑和讽刺的笔触，攻击历史和谬误，以及贫乏和政治虚伪。他有技巧地揭露了人类最阴暗的一面，在不经意间给象征赋予了形象。

• 莫言有着无与伦比的想象力。他很好地描绘了自然；他基本知晓所有与饥饿相关的事情；他向我们展示了一个没有真理、常识或者同情的世界，这个世界中的人鲁莽、无助且可笑。

• 莫言的故事有着神秘和寓意，让所有的价值观得到体现。莫言的人物充满活力，他们甚至用不道德的办法和手段实现他们的生活目标，打破命运和政治的牢笼。

• 莫言生动地向我们展示了一个被人遗忘的农民世界。他知晓手工艺、冶炼技术、建筑、挖沟开渠、放牧和游击队的技巧，并且知道如何描述。他似乎用笔尖描述了整个人生。

• 他比拉伯雷、斯威夫特和马尔克斯之后的多数作家都要滑稽和犀利。

• 在莫言的小说世界里，品德和残酷交战，对阅读者来说，这是一种文学探险。

平凡的屁孩时代

北京时间2012年10月11日晚，莫言获得诺贝尔文学奖的消息传回祖国。国内顿时兴起一股“莫言热”，很多人慕名前往莫言的家乡山东高密，想一睹诺贝尔文学奖获得者生长的地方。

莫言在文学创作方面取得的成就令人瞩目，很多人好奇莫言究竟经历了怎样的人生。殊不知，莫言早年的人生历程既有那个时代鲜明的烙印，又有他独特的个性特点。和所有小孩一样，莫言的童年也充满着欢笑与泪水、感动与失落。

呆萌幼年

莫言四岁的时候，有一天母亲让他到邻村的公共食堂打开水。那时庄户人家普遍穷困，暖水瓶也算稀罕之物。

莫言提着暖水瓶心惊胆战，唯恐弄坏了它。可偏偏怕什么来什么，走着走着他就被石头绊倒了，暖水瓶当场飞了出去。莫言无助地用脚踢着散在地上的碎片，不知道该怎么办。他多希望自己就是《西游记》里的神仙啊，眼睛一闭一睁间暖水瓶就能“起死回生”。可是无论他怎样眨眼睛，地上的碎片依旧是碎片。绝望的小莫言感觉整个世界都暗了下来。

他不敢回家，孤零零地躲进草垛里。他觉得自己犯下了“滔天大罪”，那颗幼小的心灵完全被失落与无助占据。可这么躲着又能躲到什么时候呢？他最终还是向焦急前来寻他的母亲妥协了，主动从草垛里钻了出来。

初入校门

虽然莫言早年家里贫穷、生活艰难，但是母亲一直很重视对他的教育。

当时村里的学龄前儿童都被安置在村里的幼儿园，幼儿园的教师则是一群凶神恶煞的老太太。老太太们很不专业，只是混口饭吃而已，她们以巧妙的手段克扣孩子们的专项口粮，孩子们因此经常吃不饱。

老太太们在教学方面一点经验都没有，但是作为土生土长的村里人，圈养牲畜的本领倒是有的。她们把村里的小孩当成动物崽子，关在栅栏里严密看管，还用比较粗暴的方法逼迫孩子们听话。后来老太太们的恶行败露了，莫言母亲心疼莫言，便将他接了出来，以免他受皮肉之苦。莫言被母亲送到了正规的学校。他上小学的时候才六岁，是班里年纪最小的一个。

上学的日子是开心的。莫言很享受有书读、有同学一起玩耍的时光。

糗事一筐

上小学时的莫言瘦得皮包骨，细长的脖子仿佛支撑不住那颗沉重的脑袋。莫言的童年正值“三年困难时期”，国家粮食短缺，甚至有人饿死。有时候，他和小伙伴们吃野草、啃树皮，甚至抢煤吃。1961 年的春天，学校拉来了一车亮晶晶的煤块，孩子们一拥而上，每人抢起一块煤就“咯嘣、咯嘣”地吃起来。莫言还觉得那煤块越嚼越香，味道真是好极了！那时的生活就是这么清苦。吃煤块是莫言难忘的一件童年往事。

至于莫言的童年糗事，真有两件可以说说。其中一件就是他的腰带带给他的麻烦。莫言用的那条腰带是大哥送给他的，腰带上的牙环坏了，莫言便常常陷入尴尬的处境——上厕所的时候老解不开，总是急得差点尿裤子，还被同学们耻笑；不需要解开的时候，有时它又会莫名其妙地自己掉下来，害得他当众出丑。

有一年的六一儿童节，莫言作为班上的代表，在全校庆祝儿童节大会上背诵课文，正背到感情最饱满的时候，忽觉一身轻松，好像少了点什么，低头一看，还真是少了，只得在满堂的哄笑中提起裤子落荒而逃。

还有一次，莫言去班主任的办公室交作业，坐在班主任对面的一位女老师想打乒乓球，要莫言一起去。虽然百般不愿意，但他还是在班主任的要求下跟这位女老师比起了球技。莫言刚想大展身手，裤子便不争气地瘫了下来。女老师丢下球拍，蹲在地上捂着肚子笑。

莫言最尴尬的一次是在校长做政治形势报告的时候，他站在离校长最近的队伍的最前面。当时，莫言的肚子有些痛，他保持一副痛苦而扭曲的表情一摇一摆地站了许久，最后终于忍不住了，羞涩地跟校长说："我要上厕所，憋不住了！"校长正扯着嗓子喊口号，没听见他的话。莫言实在憋不住了，便向厕所飞一般地奔过去。一边跑他还一边高调地捂着屁股喊着："我拉到裤子里了，我拉到裤子里了。"操场上顿时炸开了锅，连原本站着打瞌睡的同学也被大家热闹的议论声吵醒了，他们左顾右盼，问是个什么情况。校长本来想整顿一下纪律，可想想刚才的场景竟也笑了起来，整个操场成了师生们欢笑的海洋。

莫言的糗事既让他尴尬过，又是他童年的美好记忆。当年操场上那群捧腹笑过他的师生们都没有想到，这个"拉到裤子里"的小屁孩竟然会成为诺贝尔文学奖得主。

照相留影

如今镁光灯下躲也躲不掉的莫言，第一次照相时也有一段有趣的故事。

那年，莫言上小学二年级。一个课间，同学们围在一起，欣赏着那架神奇的照相机。那时候，照相机还是暗箱操作——照相师傅蒙在黑布里面工作。这样的场景如今我们只能在老电影中见到了。校长和一些老师照完后，照相师傅便问有没有人还要照，当场除了一些艳羡的目光，大家都沉默了。虽然照一张相只要三毛钱，但并不是每个人都有钱照的。同学们围在那儿，一个个跃跃欲试，摸摸口袋又打消了念头。

莫言心里也是痒痒的，可又苦于没钱，但他还是不想离开，一直挤在人群里惦着脚尖看别人照相时那神奇的一幕幕。这时，莫言的堂姐从人群里挤了出来，从口袋里掏出三毛钱给了照相师傅，表示她要照。

正在堂姐按照相师傅的指导摆姿势的时候，激动的莫言一个箭步冲上前去，紧挨着堂姐站着，照相师傅赶忙探出头来，喝道："你想干啥？你来干啥？"莫言则趾高气扬地告诉照相师傅自己跟堂姐是一家的。照相师傅见莫言堂姐没提出异议，也就钻进黑布，给姐弟俩照了相。

后来，莫言一家收到了照片。照片上一个清秀的小姑娘穿得整整齐齐，一点不含糊；可旁边这小家伙则是穿着缺扣子的破棉袄，领口、胸前、袖口还因为涂抹上一冬天的鼻涕而锃亮，还好，这次他的腰带争气，没有在快门按下时掉下来，要不然就真的糗大了。母亲看到相片时哭笑不得，埋怨道："你这孩子，看你这副德行，照什么相，把你姐姐都给带丑了。"

赋闲识书

七八月是汛期，河水汹涌泛滥，村里能拿得动铁锹、扛得动草包的大人们纷纷去抗洪。少了大人的管教，孩子们差点儿玩疯了，可惜莫言的脚上长了一个疮，只能孤零零地坐在炕上自娱自乐打发时间。

因为太无聊，他只能好奇地看看墙上胡乱糊着的旧报纸，看着看着倒也觉得很有趣味，旧闻里荒诞的报道确实骇人听闻——某地小麦亩产一万斤；天津郊区农民将水稻和芦苇嫁接成功，长出了高大粗壮的芦苇稻……诸如此类，不胜枚举。

看完了自家的报纸，莫言还盯上了大哥管谟贤的书，比如《鲁迅作品集》。之前成天只知道玩的莫言第一次静下来看书，也是第一次体味到读书的乐趣。

此时的莫言还不能深刻地理解鲁迅的文章，虽然觉得有些内容读起来不知所云，但还是感觉这位先生挺有意思，编故事能力很强。

从赋闲在家爱上读书开始，莫言的人生轨迹开始发生了改变。

保卫节操

莫言的班主任是青年教师张作圣。张老师可谓全能，他一个人担任语文、数学、体育、音乐等科目的老师。张老师还身怀“绝技”——他右手藏着一副弹弓，常以粉笔为子弹，在课堂上突然射击那些不听话的学生，只要你一不小心走了神，一支凌厉的粉笔头便会呼啸而至，那绝对是让人躲闪不及的。

张老师比较特立独行，他的作文课不在教室里上，每次他都带领学生们到教室外面去，给他们观察和体会的空间。他还告诉学生，不必非得纪实，也可以虚构一些情节。

第一堂作文课在自来水站东边滞洪区的豁口区，大家带着春游的心情走进了“作文课堂”，自由自在地感悟自然之美，别提有多开心了。

有一次，村里放电影《箭杆河边》。于是张老师布置的作文作业便是写观后感。

大家的文章都很平凡，没什么出奇的地方，唯独莫言的文章与众不同。他在文章开头写道：“呱——呱——呱——几声青蛙的叫声，把我拉上了电影银幕……”

张老师很欣赏这篇文章，在课堂上将其当作范文朗读，还推荐给全校的老师上课的时候朗读分析。这给了莫言很大的鼓舞，他真心喜欢上了作文课，作文课给他的成就感让他陶醉。

有一次，张老师见学生们在搞体育活动，便布置了一篇以体育比赛为主题的作文。莫言拿到题目，很快便有了写作思路，文章一气呵成。莫言在这篇文章里本能地运用了动作、语言、心理、形象描写等方法，将整个文章写得

> **莫言语录**
>
> “当拿起笔来写作的时候，更感觉到故乡跟自己是血脉相连的。”

有声有色，再次赢得张老师的重视。

张老师觉得这篇文章一点儿也不像一个三年级小学生所作，他很难判断是否属于抄袭，于是决定调查一下。

好不容易撑到放学，被告知放学之后要留下来时，莫言心中很忐忑。张老师问他的作文是从哪里抄的，莫言回答是自己写的。尽管张老师的脸上明显带着怀疑，莫言依旧立场坚定。

张老师说："你这小子，还能写出这么漂亮的作文来？"

一时间，莫言不知该如何回答，他不知道班主任这是在夸自己还是在贬自己，也不知自己是该开心还是该难过。张老师见他沉默了，更加起疑，便把笔交到莫言手上，给他出了一个题目——抗旱，让他就在办公室里写，用一个小时的时间来证明自己的清白。

莫言沉思片刻，提笔疾书。在一旁"监考"的张老师看着眼前这个不起眼但满脸固执的学生，以及那支似有千言但难以尽抒的舞动着的笔，心中暗叹，这小家伙写起文章来竟然如此流畅、一气呵成。

张老师看完这篇题为《抗旱速写》的作文，沉思良久。

"从去年八月到如今，吝啬的老天爷没下一滴雨、没落一片雪。眼见就是三月末，往年这时候，小麦已是没膝高，河畔崖头草绿花红。但今年，麦苗儿枯黄，只抽出瘦弱的芯儿，半数的叶片焦干，点火就着。池塘里的水干涸了，皲裂开横七竖八的纹，连蛤蟆都起不来，只有那么几只命大的，不知如何从泥里挣扎出来，遍体鳞伤地蹲在塘边的枯草败叶中喘息，而四肢已经如枯柴棒般萎缩了。燕子早就来了，但它们没筑新巢，也没有在旧巢上加垒新泥，因为河里的水早干了，河底的泥硬如焦炭，燕子纤弱的趾爪和柔软的黄口奈何不了它们了……"

张老师震惊了，他惊异于这样好的文章真出自于莫言之手。

后来张老师不仅将莫言的文章当作范文在全班朗读，还把它拿到公社农业中学，给中学生们当作范本研习。一群中学生反复研读三年级小学生的文章，那绝对是特例呀！

历史上，有很多"屈打成招"的案例，如果莫言没有坚定自己的立场，而是委屈地点头说自己的文章是抄袭的，那现在的莫言恐怕还在为自己的委屈哭泣吧。

莫言这场“节操保卫战”最终以他的成功而告终。从这次保卫战里收获的老师的肯定与赞许，使他一直对文学创作保持着热情。

祸从口出

从小就顽皮、活跃的莫言，一直被贴着“话痨”的标签。人们常说“祸从口出”，这话一点儿不假，莫言的言论就给他带来了麻烦。

当时人们生活普遍困难，不少孩子没有裤子穿，只能光着屁股上学。学校领导在大会上跟家长们说：“孩子们上学光着膀子可以，但不能光着屁股！”

听到这规定，莫言便在私底下和同学们嗤笑，说学校总爱下这样的规定，逼迫大家这样那样，简直就是奴隶主的做法。他特意说了“奴隶主”这个词，只是为了显摆自己多么有见识，尽管他并不明白奴隶主在那个时代的含义。

莫言本来只是随便说说显摆一下，没想到听他说话的那位同学竟然当即跑到班主任那儿去打小报告，当时恰逢班主任在竭力掌握学生中的反动思想苗头，莫言首当其冲成了班主任开刀的“羔羊”。

班主任召来班委们，在班上组织了一场专门针对莫言“反动言论”的批判大会。他严厉地指出，莫言犯下的是极大的错误，是思想与路线的错误，是严重的反动错误。

接着，班上的同学便你一句、我一句地对莫言犯下的“极大错误”进行了严厉的批判。一时间，大家七嘴八舌，各种恶毒的语言汹涌地向莫言袭来。

义愤填膺的班花气急败坏地走到莫言面前，声色俱厉地指出，莫言犯下的错误极其反动、极其流氓。她的脸涨得通红，满腔的阶级仇恨火焰将她气得说不出话来。随即，班花伸出自己的小手，代表“正义”的群众，狠狠地扇了“丑陋而邪恶”的莫言一个耳光，然后气呼呼地坐回自己的位置上，依旧恶狠狠地瞪着这个所谓的无耻的登徒子。

班花殷红的手印烙在莫言的脸上，久久没有消去，它像刚从火炉里取出的一块炭一般，一直灼烧着他的脸庞。莫言无助地在同学们批判、嘲笑的热潮中号啕大哭，双眼不断流出恐惧的泪水，他是多么失望呀！

本以为事情就这样了结了，可校领导知道这件事后就更加一发不可收拾了。校领导将此事上纲上线，认为莫言思想反动、道德败坏，还专门针对莫言的问题召开校委扩大会议。校领导认为，莫言的行为是一种有预谋、有策划、处心积虑想要破坏大栏小学让孩子们穿裤子上学的规定的行为。

学校为此专门召开了全校批评大会，最终校长在大会上宣布给予莫言警告处分。至此，莫言被贴上了阶级敌人的标签，他陷入极度的孤独与无助之中，如果被父亲知道了这情况，那自己的处境恐怕只能用悲壮来形容了。

莫言最担心的事情还是发生了，他父亲听说了这件事情。父亲火冒三丈，捋起袖子便要暴打莫言。

绝望的莫言早就想到会有这么一刻，失落的他对父亲冷冷地说："你要打就干脆打死我吧，要是嫌打我手累，我就去跳河，跳河死，你就不累了！"

父亲本来只是想吓吓这小子，没想到他还认真起来了，如果不是爷爷及时赶来护着，莫言父亲还真很难下台。父亲哭笑不得，说："那我就不打死你了，打死你太可惜了，这个世界上还少了一个祸害了。"父亲其实心里也是不服气的，为儿子感到委屈，外界在他这么小的时候就给他上纲上线，对孩子太缺少宽容了。

父亲让莫言自己去反省为什么会受到这样的处分，并没有给他额外的压力。

摒除偏见

虽然躲过了父亲给予的皮肉之苦，但是学校那压抑的气氛让莫言非常难受，特别是那个"警告处分"，就像镣铐一样锁住了莫言的双腿，使他难以再次迈开"舞步"。

且不说班主任天天拿他的独门武器"弹弓"弹射莫言的脑门儿，那个扇过他耳光的班花也够他受的。班花一直视他为敌人，还带领班上的同学们集体鄙视莫言。师生一唱一和，莫言仿若存在于一座孤岛上，虽然周围人影幢幢，但都是些幻影，即使碰上了，也是横眉冷对，没有一点温度。

在这种困窘的状况下，莫言选择寻求改变，希望有朝一日能够洗净“污点”，再次融入班集体。

莫言希望以自己的诚意打动心如磐石的老师和同学们，为此他付出了很多。每天他都一大早就起来，把自己家的柴火带到学校去给师生们取暖，还常常到野外去割草，喂养班主任的兔子，兔子长大后卖了十块钱，莫言将钱给了班主任。班主任逐渐意识到，莫言还是一个有用的学生。

但是莫言的处境并没有什么实质性的改变，同学们还是鄙视他、经常批判他，他的善行不但没有帮他扭转境遇，还助长了同学们的贪婪之心，他们开始习惯性地集体剥削莫言。

一天中午，莫言到班上晚了些，同学们已经开始午休了，莫言便脱下自己的木底拖鞋，拎在手上，踮起脚尖走到自己的位置上。

莫言的行为被教导主任无意间看到了，教导主任终于感受到莫言内心的善良，他开始将莫言当作一个孩子来看待，不再以成人的标准苛求这个饱受冷眼的孩子。

后来，教导主任在学校的一次会议上提及此事并强调说：“管谟业（莫言本名）这个孩子，虽然看上去很调皮，但是孩子毕竟是孩子。通过这件事，我觉得，他不会坏到哪里去。”他提出，应该撤销对莫言的处分。

在校领导眼里，一个孩子的处分并不算什么，况且教导主任提出来了，提议通过了，没有人反对。校长在学校的一次大会上宣读了撤销对莫言处分的决定，这件事到此为止。

当莫言陷入人生的低谷时，他没有消极颓废，而是选择以正面积极的态度去化解矛盾，最终赢得了别人的肯定，也还自己一个公正的评价。

莫言的这件事告诉我们，向着阳光撕掉处分的做法比躲在阴暗处等处分慢慢发霉烂掉更加值得肯定。

莫言语录

“马是奔跑的冠军，驴是行走的模范。马背上的骑手威风，驴背上的骑手惬意。”

来自贫穷而温暖的家庭

英雄爷爷

在莫言的眼里，爷爷就是一个“高级农民”，他始终将爷爷视为自己心中偶像级的人物，而且在很多作品中都将爷爷管遵义作为英雄来描写。

抗日战争时期，日军威逼山东。村里有警报员，预警敌情。每当有警报发出，村里的男女老幼便牵着牲口立刻跑到田野里、钻进高粱地去躲避。管遵义说他不怕，也不躲起来，结果日军真的来了，把他堵在堂子里，逼问他八路军在哪里。管遵义说不知道。一个日本兵拿着刺刀在他头上晃了两次，管遵义的头上豁开了两个血口子，血流满面。日本人抢走了他家里的鸡，放过了管遵义。跟死神握过手的人更懂得珍惜生命、热爱生活。

管遵义没上过学，但是很有主见，而且心灵手巧，一手木工技艺格外受人称赞，乡里人都很尊敬这位老人。这老人敢想敢说，对“亩产万斤粮”这样的浮夸风，他坚决不信；而大炼钢铁、大放卫星这种举措，也被老头子定义为“纯粹胡搞”。

管遵义有一肚子好故事，各种历史典故、神话传说他都烂熟于心，还有不少故事是他自己编的，也格外精彩。这些故事对莫言的影响是巨大的。莫言最初就是通过爷爷讲的故事了解中国历史的，以至于后来他的很多作品都离不开爷爷的故事。

在诺贝尔文学奖颁奖典礼上，莫言在发言的结尾讲了一个故事，这个故事便是他爷爷曾经讲给他听的——

“请允许我讲最后一个故事，这是许多年前我爷爷讲给我的：有八个外出打工的泥瓦匠，为避一场暴风雨，躲进了一座破庙。外边的雷声一阵紧似一阵，一个个的火球在庙门外滚来滚去，空中似乎还有吱吱的龙叫声。众人都胆战心惊、面如土色。有一个人说：‘我们八个人中，必定有一个人干过伤天害理的坏事，谁干过坏事，就自己走出庙接受惩罚吧，免得让好人受到牵连。’自然没有人愿意出去。又有人提议道：‘既然大家都不想出去，那我们就将自己的草帽往外抛吧，谁的草帽被刮出庙门，就说明谁干了坏事，那就请他出去接受惩罚。’

“于是大家就将自己的草帽往庙门外抛，七个人的草帽被刮回了庙内，只有一个人的草帽被卷了出去。大家就催这个人出去受罚，他自然不愿出去，众人便将他抬起来扔出了庙门。故事的结局我估计大家都猜到了——那个人刚被扔出庙门，那座破庙轰然坍塌。”

父山母水

农村划分出身和成分时，莫言家被划成了“富裕中农”。这个成分极接近被批斗的“富农”和“地主”。莫言父亲管贻范是生产队会计，但因为“成分太高”，工作压力极大，所以在教育子女方面极为严格，动不动就拳脚相加。

虽然父亲脾气暴躁，但是莫言依然很爱戴他。父爱如山，莫言知道，一直都是父亲宽厚的肩膀在支撑着这个贫穷的家。

父亲是一个非常严肃、正直的人，虽然莫言几兄弟在外面是很有名的“话痨”，但在父亲面前，莫言绝不敢随意说话，莫言二哥也是一见到父亲就特别正经。他们家吃饭时，没有一个人说话。

直到如今，莫言跟他太太一块儿吃饭也是5分钟“解决战斗”。莫言女儿喜欢一家人围着饭桌，每人倒上一杯红酒，她喜欢电影、电视剧里面那样的场景，大家一边吃、一边讲，很优雅地吃。莫言就没她那么有情趣了，稀里哗啦地吃完就走。莫言父亲直到现在还是这样，饭桌上很多菜还没摆完，他已经一抹嘴吃完到一边去了。

莫言在《丰乳肥臀》一书中给主人公揉进了自己和母亲的色彩。书中的母亲为了养活自己的儿子，偷食集体的豆子然后呕出来反刍给孩子们吃，书中的上官金童则是一个有恋乳症的男孩。在很大程度上，莫言就像上官金童一样，对母亲不依不舍。可见，母亲对莫言的影响是极大的。

在笔者读中学的时候，就曾做过一篇以莫言的《母亲》一文为文本的阅读题，那是我对莫言母亲的第一印象——

“我最初的记忆是母亲坐在一棵白花盛开的梨树下，用一根紫红色的洗衣棒槌，在一块白色的石头上捶打野菜的情景。绿色的汁液流到地上，溅到母亲的胸前，空气中弥漫着野菜汁液苦涩的气味。那棒槌敲打野菜发出的声音，沉闷而潮湿，让我的心感到一阵阵地紧缩。”

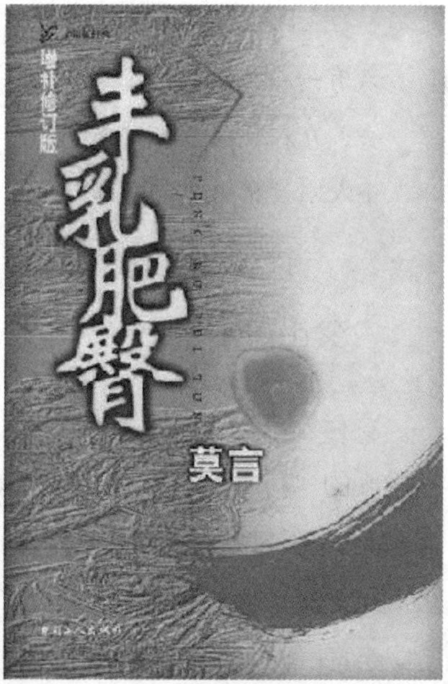

这个普通的农村妇女有着优秀的品质，一直带给莫言极佳的引导。

莫言相貌平平，用他自己的话来讲，就是“丑陋”。村里的人当面笑他长得难看，几个性格蛮野的同学甚至因此打他。被打之后，他无助地回家，母亲则对莫言说：“儿子，你不丑，你不缺鼻子不缺眼，四肢健全，丑在哪里？只要你心存善良，多做好事，即便是丑，也能变美。”后来莫言进入城市，有一些很有文

莫言语录

“你可以不看我所有的作品，但你如果要了解我，应该看我的《丰乳肥臀》。”

化的人依然在背后甚至当面嘲笑他的相貌，他想起了母亲的话，便能坦然面对他人的非议。

莫言在诺贝尔颁奖典礼上还讲述了自己与母亲和一位看守人的故事，母亲的一句话微言大义，很让人吃惊这竟然是出自一位农村妇女之口——

> “我记忆中最痛苦的一件事，就是跟着母亲去集体的地里拣麦穗。看守麦田的人来了，拣麦穗的人纷纷逃跑，我母亲是小脚，跑不快，被捉住。那个身材高大的看守人扇了她一个耳光，她摇晃着身体跌倒在地，看守人没收了我们拣到的麦穗，吹着口哨扬长而去。我母亲嘴角流血，坐在地上，脸上那种绝望的神情令我终生难忘。多年之后，当那个看守麦田的人成为一个白发苍苍的老人，在集市上与我相逢时，我冲上去想找他报仇，母亲拉住了我，平静地对我说：‘儿子，那个打我的人，与这个老人，并不是一个人。’”

有一次，莫言帮母亲卖菜时多算了一位老人一毛钱，母亲很不高兴，流着泪对他说：“儿子，你让娘丢脸了。”可见母亲对莫言的要求十分严格。

在莫言十几岁的时候，母亲患上了严重的肺病。当时莫言有一种强烈的不祥之感，他害怕母亲会因为不想连累贫穷的家庭而自寻短见。有一天莫言回到家，找遍了所有的房间也没找到母亲，便坐在院子里哭了起来，这时母亲背着一捆柴草从外面回来了。母亲安慰莫言说：“孩子，你放心，尽管我活着没有一点乐趣，但只要阎王爷不叫我，我是不会去的。”

时至今日，母亲已离去多年，但是母亲的爱和关怀莫言仍记忆犹新，他还将母亲的形象融入自己的作品中。母亲淳朴、善良的品质成为莫言作品中歌颂的对象。

书趣盎然

莫言有空的时候就偷偷看书，因为父亲很反对他看这些“流毒无穷”、叫人学坏的“闲书”。在父亲眼里，这些“闲书”很容易就耽误割草放羊。

还好，莫言的班主任在家访时告诉莫言的父母，可以让孩子适当地看一些课外书，只要把握好尺度，就没什么问题。班主任的话在农村家长中还是有一定权威的，因为他的造访，莫言看书变得正规化、公开化了很多。

莫言当时在家能看的书，基本上都是大哥管谟贤的藏书，还有中学课本以及哥哥的学习笔记。虽然家里图书资源匮乏，但莫言一直保持着对书的热情，特别是读了大哥高中课本里的名著片段，如茅盾的《林家铺子》、鲁迅的《铸剑》、普希金的《渔夫与金鱼》等，莫言对书的渴望就更加强烈了。

莫言常常在村里打听谁有什么书，慢慢地，他就对整个村子的藏书情况了如指掌了。于是，他开始借书看，但总要费些周折才能将书借到手。可书毕竟是人家的，借书过日子就跟借钱维持生计差不多，总会有断档的时候，有时候甚至一个月都没有“新”书看。这一个月里，莫言只能在家中托着腮帮子，一遍又一遍地翻看大哥给他的《新华字典》，后来那字典都被翻烂了。

邻村石匠家有一套带插图的许仲琳著的《封神演义》，这套稀罕的书对莫言的吸引力很大。莫言找石匠借，石匠坚决不肯，但最后还是招架不住这小子的花言巧语，答应了他的请求，但莫言必须在石匠家推磨磨面。磨面一个上午，可以借阅两个小时，且阅读的时候莫言不能离开石匠家。

石匠除了提条件外，还派自己的女儿在莫言干活儿时对他进行监督和考核。莫言每次推磨推得汗流浃背的时候，石匠女儿就会在一旁若无其事地看着。小姑娘没有手表，莫言停还是不停完全取决于她的心情。她心情若是好了，莫言也能早点完工并沉浸于书中；但若是小姑娘心情糟糕了，他当日的读书时间就要等到很久才能到来。

为了能多争取一点读书的时间，莫言把算盘打在了小姑娘身上。他开始想方设法取悦她，因为他发现，与其低头死命推磨，倒不如抬头逗她一笑。为了逗小姑娘，莫言可没少折腾，还偷偷爬到邻居家的杏树上摘杏给小姑娘吃。极力讨好小姑娘后，莫言尝到了不少甜头。

单单看石匠家的书，莫言还不满足。为了看书，他不惜冒险，虎口拔牙一般打起了班主任的主意。班主任没有宿舍，床就在教室的一个角落里。张老师是文化人，枕头下面总是压着一些书，这些书勾起了莫言的“邪念”。

为了能偷偷看这些书几眼，莫言不惜割舍掉放学后玩耍的时间，主动要求留下来值日。接着，他的“阴谋”就得逞了，他看班主任的《吕梁英雄传》看得入迷，索性往床上一坐，忘乎所以地看了起来，全然不顾当时的“紧迫形势”。

不知不觉脚步声越来越近了，当他反应过来时，班主任已经出现在视野里了。莫言心中暗想不妙，被逮了个正着，势必要再当几次靶子“折”在班主任手里了。可班主任的举动却让他很诧异，事实上他的举动也让班主任很诧异——一个小毛孩看这么厚的“大人书”且看得饶有趣味，实在是罕见。张老师是打心眼里喜欢爱看书的孩子。

张老师问莫言是否能看懂，莫言点点头，还绘声绘色地讲了几个片段给他听，这倒真是大大出乎张老师的意料，张老师心中的一个结也解开了——这样一个其貌不扬的小孩写出那样的作文还真是有缘由的，看来他的确是个不可多得的文科奇才。

渐渐地，这位曾经带头批斗过莫言的老师，跟莫言成了忘年之交。他还帮莫言四处搜罗图书看，在张老师的帮助下，莫言几乎看了大部分当时流行的书。

实践证明，莫言让张老师知道自己爱好读书是很有好处的。

忘我读书

莫言在帮母亲割草、放羊的时候还不忘掏出一本《青春之歌》品读。读着读着，他就进入了物我两忘的境界，将割草喂羊的任务忘得一干二净。

夕阳西下，当莫言缓过神来，羊儿已经饿得快虚脱了。莫言牵着羊儿吃了几口草，两手空空地回到家中。母亲见他手上只有一本书，连一根草也没有，叹了叹气。此事就这样了结了。母亲的宽容给了莫言极大的自由，在那个年代，人们的物质生活是很匮乏的，连吃饭都成问题，更别说看书了。因此莫言是幸运的，他有看书的自由。

母亲劳作辛苦，还得踮着小脚为生产队推磨，一天下来脚疼腿肿，苦不堪言。莫言放学之后便帮助母亲推磨，可推磨时还不忘他借来的书，因为书就要还了。于是，他将书摊开放在磨盘上面，一边绕圈推磨，一边歪着脖子看书，一会儿脖子就僵了，眼睛也花了。

母亲心疼莫言，干脆替换了他，让他到一旁看书去，自己一个人艰难地推磨。这个场景时常重现在莫言的脑海里，一次又一次戳中他的泪点，因为母亲推磨的身影实在令他难忘，有时甚至会潜入他的梦里。

莫言看《三家巷》的时候，一度为书中的女主人公区桃倾倒，但区桃在书中最后的结局是不幸中弹身亡，爱人周炳痛不欲生，大病一场。小读者莫言也是痛苦无比，趴在自家牛栏上哭得很伤心。他在语文课本的空白处写满了“区桃”的名字，就跟失恋了一般。如此沉浸在美好的文学作品中，莫言也增加了对生活的感悟。

抢书之战

莫言家不仅莫言喜欢看书，他二哥也嗜书如命，看起书来总是欲罢不能。

莫言每次借到书后都会藏起来，生怕被二哥发现了，因为那样的话，一场激烈的争夺战就会在所难免。只要“开战”，结局都是书落在二哥手上，因为二哥在体力与体型上的巨大优势是莫言无法匹敌的。

二哥抢到书后，总喜欢一个人过书瘾，而莫言也不会轻易放弃，明知不可能抢到书，还是会死缠烂打地在二哥后面偷看。二哥也不想让他得逞，每次都会把他赶走。莫言则每次都在二哥读得着迷之时悄悄地站到他的背后，气都不敢喘一口，两只眼睛目不转睛地盯着书看。

二哥见怎么赶也赶不走莫言，便心生一计，加快了翻页的速度，搞得莫言在他背后干着急，因为莫言毕竟还小，识字没那么顺畅。二哥为此沾沾自喜了很久，但是好景不长，他渐渐发现，莫言看书的速度竟然也变快了，因为自己的训练，莫言已经练就了一目十行的“功夫”，即使有赶不上趟的时候，莫言也会自动脑补，十有八九还能跟后文接得上。

二哥见此，恼羞成怒，干脆将书藏到莫言找不到的地方去。莫言岂能善罢干休？他开始满院子搜书，有一次为了拿到藏在猪圈里的《破晓记》还惹怒了马蜂一家。马蜂一家全体出动，将莫言的整张脸蜇得连五官都看不出来了。

家中有这种读书气氛还是相当好的，这种“越是得不到的越想要，别人有的我也要”的想法被莫言放在了读书上，为他日后走上文学道路做了很好的铺垫。

12 岁那年，一位邻居进城买了一套《中国通史简编》，买回家后却后悔了，对外宣布 5 元出售。5 元钱在当时可是一笔不小的开支，莫言跟母亲提了，母亲便把自己陪嫁的一件首饰卖了，给莫言买回了这套书。

母亲无条件地支持莫言读书。她明白知识对自己儿子的重要性，所以她愿意为儿子付出，虽然她也不知道这些付出是否能有回报，但是她觉得这肯定是值得的。

莫言在诺贝尔颁奖典礼上曾多次感谢母亲，因为母亲这个普通而伟大的女人给他的恩惠实在太厚重了，他此生都无以为报，也无法回报。

这样一个贫穷而温暖的家，在莫言还是小孩的时候就给了他巨大的助力。这个家庭里的每个成员都有极大的贡献，莫言的爷爷、母亲、父亲、大哥、二哥、班主任，还有莫言他自己，缺一不可。

莫言语录

“人越来越老，就应该有更多清醒的自省。过去我们批评别人，我们拿放大镜看别人的缺点，然后义愤填膺地进行抨击。人老了以后，就应该回头向自我的内心来进行观照，看看你在骂别人时，是否同时也在骂自己。看到很多黑暗的现象，要想一想，你是否也充当过制造黑暗的帮凶？”

美好的事情即将发生

无辜辍学

小学三年级的时候，莫言和同学们在老师的带领下去参加一场“忆苦思甜”大会。会上，大家观看了烈士遗物，以及地主阶级为非作歹的证物。参观时，学生们必须在老师的引领下放声哭泣，以向在场的各位领导展现自己的爱国情怀。

莫言也跟着同学们一起哭得泪眼汪汪，还迟迟不肯拭去泪水。哭的时候，他留意到几位同学滥竽充数，他们偷偷将唾沫抹到眼角来冒充眼泪。但是有一位同学很特殊，这位同学没有哭，而且没发出声音，只是呆呆地看着。莫言毫不犹豫地将这位同学的情况报告给了老师。因为那天在莫言之前已经有几位同学向老师报告过这件事情了，老师不得不向学校汇报，于是学校决定给予这位同学警告处分。

若干年后，莫言忏悔道：“这位同学十几年前就已经去世，每当想起他，我就深感歉疚。这件事让我领悟到一个道理，那就是当众人都哭时，应该允许有的人不哭。当哭成为一种表演时，更应该允许有人不哭。”

莫言五年级时，“无产阶级文化大革命”爆发。学校里的老师分成了两派，一派是“高密红卫兵团部”，一派是“鲁迅战斗队”。两派纷争层出不穷，校长也成天被拉出去批斗。

莫言觉得自己不能作壁上观，于是他跟一伙同学成立了一只红小兵战斗队，编辑、抄写大字报，因为不满课程安排，还一把火将课程表烧掉了。

莫言还与小伙伴们一起到青岛串联（“文化大革命”期间，全国各地的学生到北京或各地互相之间交流革命经验的活动），他们雄赳赳气昂昂地出发，走到胶州就已经累得死去活来了，原来的豪言壮语都在空荡荡的肚子和疲软软的身体中化为乌有。

夜晚，一群怕鬼的小孩住进了一家小旅馆，做了一个个好梦，梦醒时却发现旅馆的床已经被尿得都能挤出水来。

因为这次远行，他们意外地收到家长们的一顿暴揍，最终小组四分五裂。

莫言因为家庭被划分为“富裕中农”，再加上大爷爷家是地主，且莫言的一个堂叔在台湾，一家人的地位一直都相当低，活在社会的底层。像莫言这样出身的人，大张旗鼓地搞“革命运动”是有“反攻倒算”嫌疑的。他最终得罪了全面掌握学校权力的贫农代课老师，学校将莫言从毕业生的名单中剔除，莫言也因此失去了读初中的权利。

莫言从来没有厌恶过上学。虽然他经常调皮捣蛋，学校也曾给他的心灵留下了不小的伤疤，但是他依然喜欢上学的感觉，现在无奈只能回到家中，每天过着“面朝黄土背朝天”的日子。这样的日子单调得他都感觉不到生活的存在。

乡间见闻

在现实面前，莫言已经举不起他热衷的课本。因为就他当时的处境而言，读再多的书都是没有意义的，他总不能跟土里的蚯蚓去谈文学吧。他感觉自己就像一个囚徒，不知什么时候能过完这样的日子。

莫言辍学后，就一直被冠以“坏孩子”的称号。邻居家的一只小鸡死了，他们认为是莫言弄的，莫言百般辩解，依然无济于事；一次村里失火，莫言看见了，便挨家挨户地通知人们救火，可没想到却有人怀疑火是他放的；一个女邻居跑出来看火灾情况，回到家中，发现一块肉被猫叼走了，立即就把所有的责任都推给莫言。他一直被人们误解着，一直遭受冷遇，承受着本不该他这个年龄承受的压力。那段时间，他相当孤独，只能一个人无趣地劳作。

他常常背着筐子赶羊群去吃草，可每次经过学校，听到朗朗的读书声时，他都会忍不住鼻子一酸，流下眼泪。当他泪眼婆娑地停下来，映入视野的是坑坑洼洼的土地上东倒西歪的牛粪。

当时，莫言的年龄还小，生产队没有给他多大的压力，所以他很多时候就躺在草地上或者坐在树底下，看花开花落。他的伙伴是听不懂人话的羊，他只能无聊地陷入无尽的幻想之中。

莫言终日仰望蓝天、抚弄小草，因而对大自然有着跟原来完全不一样的细腻认知。他思索了很多，思索什么是爱情、什么是善良、生命如何存在……

实在无聊的时候，他还会自言自语，编一些小曲子自己随意地哼哼，有时候也会模仿集市上说书人的语气讲一些故事。这些故事都有忠实的听众，比如大树、鲜花，还有一旁迷茫地冷冷地看着他，还不时应和一声“咩”的小羊们。

后来有一天，这场景被母亲窥见了，母亲便慌忙地找到莫言的父亲，说：“他爹，老三整天放牛羊放傻了，对着杨树念念叨叨的，你看，咱这孩子是不是有毛病了？”

父亲一听也很着急，感觉有这毛病一定得治，看看莫言年龄也不小了，就把他托付给莫言的大爷爷学医术，同时也可以看住这孩子，不让他乱跑。父亲告诉莫言，一定要好好跟着大爷爷学，成为大爷爷那样的名医，以后吃香的喝辣的是没有问题的。

莫言跟大爷爷学了《药性赋》《濒湖脉诀》等医学著作，还无意中捧起了自己丢下的功课，将文化课补了回来。

莫言年纪大一些了，生产队便把他当大人看了，他也就不得不跟着村里的大人们一起干活。当时身体单薄的莫言与青壮年干相同的活儿，一点都不含糊。每天勤快地劳作，让他感觉有了点儿意思，混在一群青年里，生活也多

莫言语录

“每个人，都有过恶梦的经历吧，谁都不会因为一场恶梦而真的从此抗拒睡眠。而且，没有谁真正会对他人的恶梦感兴趣，耿耿于怀的，只能是自己。你这场恶梦，当个警钟就行了。”

了些乐趣。

每次结束劳动，大家都聚在一起休息，聊各种新鲜的与不新鲜的事。莫言很享受这样的氛围，因为他终于可以在干活期间听到“人话”了，不必费劲地跟大自然倾诉衷肠。每次大家攀谈的时候，莫言总会聚精会神地听，生怕错过什么奇闻趣事，比在学校课堂上还要专注。

各种街坊家的闲话都被搬弄到这个小角落里，讲话人都是一些“话痨”，致力于讲闲话多年，因而每每讲起来都不同凡响，真可谓声情并茂。很多故事情节“看似寻常最奇崛”，还有的带着浓厚的神话色彩，让人听完回味无穷、意犹未尽。这群“话痨”里还有一位见识颇广的“右派”青年，大家都叫他单秀才。

单秀才从山东师范学院中文系毕业，因为说话不注意而获罪，被揪出革命队伍，贴上了“右派知识分子”的标签。单秀才虽然在田间劳作，但这并不能抑制他展露才华。他常常将自己的见闻进行加工，讲给乡亲们听，以在大家崇拜的目光中寻求满足感。

这段时光莫言在乡间的所见所闻，为他日后进行文学创作提供了丰富的素材。

饺子之梦

单秀才跟大家讲过很多故事，其中有一个故事是关于一位作家的。他说，有一位作家经常在各地的报纸杂志上发表文章，高中时就已经攒下了3万块稿费。大家掐着手指算呀算呀，也没算明白自己不吃不喝什么时候才能攒到3万块钱。

他还说另一位作家靠写文章赚了好多钱，一日三餐都吃猪肉白菜馅的饺子。大家听得口水不知不觉都流出来了，于是就有了一个共同的认知——作家过的日子像神仙的日子一样。莫言家一年都难得吃上一顿饺子，而且饺子馅里与白菜掺和在一起的不是猪肉，而是萝卜，还没吃就感觉无比心酸。

莫言问单秀才：“叔叔，要是我也写出一本书挣钱，那是不是就可以不在农村劳作，能吃饱饭了？”

单秀才直摇头，莫言有些失落。单秀才却说：“何止是不用在农村劳动，你要是出了书，那什么都有了，想吃猪肉白菜馅的饺子是一点问题都没有的，别撑死了就好。”

大家听了这话，更加吃惊了，但想想还是觉得有些不切实际，接着又转到下一个话题，漫无边际地闲聊起来。只有莫言还飘飘然，他又到了自己的幻想世界里，那里满是饺子，饺子都能遮住整个天空，每个饺子都长了腿，而他正在跟饺子赛跑，追到一个吞下一个，想吃多少吃多少。

莫言起先就是以这样的小愿望开启文学之梦的。虽然这个吃饺子的愿望看似淳朴且微不足道，但在那个时代却是极为幸福的理想。他后来文学创作的诸多意义也是在不断探索中发现的。

跳出农门

即使曾经热情洋溢，贫穷的农村也渐渐让莫言看不到光芒。他希望能够跳出农门，追求自己想过的生活。

当时，很多人通过高考进入城市。可是，这千军万马走的独木桥却没有一寸地方留给莫言下脚，因为他已从学校辍学，学校也将他除了名。莫言大哥管谟贤正是从这独木桥走向城市的有为青年，还一度被乡里人奉为“文曲星”。莫言大哥的事例在这个落后的乡村是极为罕见的。

受到当时的名人张铁生事例的激励，莫言决定采取行动改变现状。辽宁的名人张铁生，高考时物理和化学试卷几乎是白卷，但他还是被铁岭农学院畜牧兽医专业录取了。后来，张铁生还当选了第四届人大代表、铁岭农学院革委会副主任等职。

莫言满怀期待地偷偷寄出了他给当时的教育部长周荣鑫写的一封信，信里恳切地表达了一个农村家庭小孩想上大学的迫切愿望。

半个月后，父亲拿着一只棕色的牛皮信封，眼神迷茫地看着自己的儿子，说：“孩子啊，你到底在想些什么呀？”

莫言急切地接过信封，打开一看，里面有一张很小的印有红头的信笺，上面是18行用圆珠笔写的大字，内容大致为：你想上大学的愿望是好的，但是目前做不到。希望你能在农村好好劳作，等待贫下中农的推荐。

这封信就像冰桶一样倾倒下来，从莫言的头顶一直浇到脚板，让他感到刺骨的寒意。

上大学这条路就这样被堵住了，还有一条路是参军，但希望也很渺茫，因为当兵的名额有限，贫农子弟、干部子弟比比皆是，根本轮不到“富裕中农”家的孩子。招工进城的路就更行不通了，本来这样的机会就不多，莫言的家庭成分还是最大的问题，扎在贫下中农子弟堆里一点戏都没有。

他觉得还是作家这条路有戏，便向母亲要了五毛钱，去集市上买了一瓶墨水和一个笔记本，回到家中开始绞尽脑汁地写小说，名字叫《胶莱河畔》。第一句便引用毛主席的话“水利是农业的命脉”，第一章标题为“元宵节支部开大会，老地主阴谋断马腿”。

莫言激情澎湃地写着，写得很顺畅，到了高潮部分，还会咬紧牙关，一副愤世嫉俗的样子。天黑下来写完第一章时，他已经饿了，饿得一点激情都没有了。

写完这一章，他便再也坐不住了，因为不知何时是个头，这样的进度距离自己过上饺子满天飞的生活还太远，而且每天干完活都累得半死，根本没有多余的精力放在创作上。此时的莫言感觉作家梦确实很难实现，这理想就是一场梦、一次笑谈，不能当真。

每次征兵的时候，民兵连长都会让莫言靠边站。这条看似没戏的路莫言走了好多次，回回征兵他都乘兴而去、败兴而归，屡战屡败、屡败屡战。

1973年，莫言父亲通过在县城棉花厂当主管会计的五叔的关系，给莫言在城里找了一份农民合同工的工作。

莫言语录

“人生最遗憾的，莫过于，轻易地放弃了不该放弃的，固执地坚持了不该坚持的。”

工厂成名

因为“上面有人”，莫言被安排在厂里担任司磅员。这份工作很抢手。

莫言进城之后，生活发生了巨大改变。他一天能挣一块三毛五，减去给生产队上缴的一部分，每月还能剩下二十多块钱，在当时的农村，那可是一笔巨款。

莫言在棉花加工厂里有各式各样的同事。他们有的是下乡知青，有的是城镇职工子女，还有一些是干部子女，在这样的环境里，莫言对外界有了更多的认识。崭新的工作环境让他再次看到了希望。

刚进厂的时候，莫言被登记的人问及学历，他思索再三，想着自己出身本来就不好，不能让别人太瞧不起，索性就填下了“初一”，以为没有人会深究此事。

没想到这份材料被莫言的一个小学同学看见了，那个同学直率地当着众人的面说了句：“管谟业，就是小学毕业嘛，哪天上过初中的？”虽然羞得无地自容，但好在同事们没有把这件事放在心上。

莫言开始为自己的事业拼搏，无论什么活，他都会一鼓作气地干下去。比如，第一次厂里割草，因为是义务劳动，做多做少都是一个结果，大家都没什么积极性。莫言却尤其卖力，将在农村练就的一身本领发挥得淋漓尽致。一旁的县城青年都看得目瞪口呆，厂里的党支部还夸莫言一个人能抵三个人。后来，厂长在大会上隆重地表扬了莫言的吃苦耐劳精神。莫言因此成了厂里的名人，工作也更有激情了。

1974 年，因为“林彪叛逃”事件，全国兴起一场大规模的“批林批孔”的浪潮，《水浒传》里宋江的投降主义也被严厉批判。棉花加工厂收到上级命令，也要组织“批林批孔”的活动。

莫言语录

> 我真的爱你，闭上眼，以为我能忘记，但流下的眼泪，却没有骗到自己。

莫言平时能说会道，便被安排在全厂政治学习大会上发言。他赶紧参考相关报纸杂志，最终联系实际，撰写了一篇稿子，在大会上模仿电台播音员的架势，抑扬顿挫地朗读起自己的文章。

莫言在稿子里引用了很多诗句来造势，听众从没听过这样的演讲。虽然他们并不知道这些诗句跟莫言讲话的内容有什么联系，但还是被讲话人自信饱满的气场所折服。莫言讲完后，大会现场瞬间沸腾，经久不息的掌声像潮水般涌进莫言耳中。

就这样，他被公认为厂里最博学的青年，得到了不少难得的发展机会。

“批林批孔批宋江”之后，全国又掀起了一阵学新文化的风潮。应主管部门要求，棉花加工厂也搞起了职工夜校。为了节约成本，厂长没有同意从外面聘请老师回来任教，而是在厂内找人担任老师，让自己人教育自己人。

想到莫言这个小伙子，厂长感觉他很不错——工作时一点都不怠慢，一手薅草的技艺炉火纯青，而且看似挺有水准，之前在大会上发言也是出口成章的，还引用了各种古诗，说话文绉绉的，肯定肚子里有点墨水，便决定由莫言担任老师一职。

莫言接下了厂长托付的活儿，一头雾水地开始筹备上课的事情。这是他第一次上课，而且学生群体极为特殊，要么跟自己一样大，要么比自己还大，想征服他们需要的是真本事。

他开始为自己“充电”。在上课之前，他补充了不少语文基础知识，还研读了几本如何教育好工农学员的书。

他在课堂上讲得激情澎湃，对每个知识点都进行了形象的描述。因为他本身文化水平就是小学生的水平，所以他的理解方式很容易让“弟子”们接受。课堂教学效果好得出奇，一下课，好多工人都围过来称赞莫言，还问“小管”老师是不是在中学课堂上教过书，教学方式很成熟。

莫言在棉花加工厂的一腔热情给他带来很多收获。城市比农村发达，也有更多发展机遇，他暗下决心，一定不要再回到农村生活，无论付出多大的努力。

人生转折

莫言一直坚守着留在城市的信念，等待工厂里转正的机会，可体制又跟他开了一次玩笑。情况发生了变化，工厂明确了招工制度，确定只从有城镇户口并且是初中及以上文化的待业青年中选择转正人员，像莫言这样的农村合同工是不会被转正的。

通向城市的大门在他面前缓缓关闭。但他很快就从失落的情绪中走出来，开始思考他的参军之路。

有一年，疏浚胶莱运河的时候，全县的劳动力都志愿参与河流疏浚工作。县武装部临时决定，适龄青年可以在工地上参加体检，在外工作的个人也可以直接在工厂里体检。

莫言越过村级单位，直接在厂里报了名，并参加了体检。

工厂领导对莫言的印象很好，在武装部官员面前给予莫言很高的评价。莫言在工人中间口碑也很好，即使注意到莫言家庭成分高了一些，武装部官员还是将他录取了。

此时的莫言已经21岁了，他等这个结果已经很久了，终于美梦成真了。他迫不及待地办完了手续。村里的领导们直到新兵录取通知书送到村里时才知道，这小子已经加入人民子弟兵的队伍了。

在村里，很多村民对他去当兵很不满意。很长一段时间，莫言感到很压抑，他感觉村庄里有无数双手要把他拖回去。走在大街上的时候，他会听到很多贫农的奚落："我们贫下中农的孩子当不了兵，竟然让一个老中农的孩子当了兵，这是什么世道？阶级斗争不搞了？"村领导也很恼火，但是无计可施，生米已经煮成熟饭了，也奈何不了他。村里民兵排长板着脸将通知书送到莫言家，一句话都没说，扭头就走了。

这个青年之前的努力终于没有白费，他的人生终于发生了转折，他距离自己的梦想又近了一步。他将向着自己美好的未来马不停蹄地奔跑过去，真的一点也不含糊。

从辍学到走进兵营，莫言经历了不少挫折，但他一点儿都不颓废，因为他永远相信，美好的事情即将发生。

蛮拼的，就蛮有意思的

戎装远行

莫言当兵是一件让全村人都异常诧异的事情。莫言出行时，村里没有人来送行，更没有其他壮士戎装远行时敲锣打鼓轰轰烈烈的场面，他离开时很冷清，那孤单的身影被夕阳拉得很长很长。

在莫言接到入伍通知书时，村里有一位老兵登门拜访，将多年的行伍经验传授给他。从老兵的口中，莫言得知，到部队第一件事应该是给新兵连长写一份决心书。如果写得好，引起连长的注意，在新兵训练结束后，可能会被分配到连队当文书，或者给首长当警务员。

莫言花了很长时间写了一份决心书，由班长交给连长。这封信文笔不凡，加上是第一时间上交，连队领导开始注意新兵莫言。在部队举行的欢迎新战友的大会上，连队长官推荐莫言作为新兵代表在大会上发言。

为了能在会议上一鸣惊人，莫言在发言稿上煞费苦心。他琢磨了许久才写出来，然后又请指导员帮忙修改了一遍。他一次又一次地通读全文，还配上动作进行练习，甚至睡着了在梦里还会比划。经过多次练习，莫言觉得自己完全可以胜任这项光荣而伟大的任务了，便有些放松。

在万分庄严的大会上，莫言却有些发怵了，因为他从来没见过台下有这么多人，也从来没被这么多人瞩目过。他紧张得有些晕头转向，便稀里糊涂地找了个椅子坐下来，完全没有在意面前的席卡。

轮到莫言发言了，他一开始确实有些紧张，嘴巴好像不受自己控制一样，没过多久，就渐入佳境了。他的声音就像春雷一样在整个会场荡开，气势恢宏，自信而饱满。

发言结束后，莫言感到一身轻松。他站起身，向台上的领导和台下的战友们轮番敬礼，突然感觉自己飞黄腾达的日子指日可待了。

憧憬着美好未来的他回到座位时，班长却出人意料地踩下一只大脚来，凶神恶煞地喊道："你这个混球，你彻底完了。"莫言一头雾水地看着班长，不知所措，只感觉心跳加快，原本那种轻盈感瞬间消失，只留下无尽的恐惧。他赶忙结结巴巴地问班长究竟发生了什么事。

班长义正词严地说："那个主席台上的位置，你也配坐，你也敢坐？那是团长、政委坐的，你敢坐，简直是犯上作乱！你个新兵蛋子，不老老实实站着讲话，竟然像个首长一样坐着讲，太不像话了！你完蛋了，等着明年回家种地瓜吧！"莫言整个人都要崩溃了，班长给他下了定论："首长们对你的印象太坏了，没什么戏了。"

果然如班长所说，莫言的"文书""警卫员"美梦全都落空了，他被分配到龙口市附近的北马公社唐家泊村。

若是能分到一个山清水秀、物阜人丰的村子，莫言兴许还不会太失落，可这个唐家泊村的房子简陋无比，这块不毛之地的荒凉程度与莫言的老家几乎一样。营房旁边都是老百姓的饲养棚，牲口散发的屎尿味常常扑面而来。

外面差点就算了，营房只有三排房子，还没有暖气和火炕，有的只是一个煤球炉子。不单单是生活和威严庄重的军营没法比，这群新兵们每天的日程就是军事训练和挖地种菜。

虽然每天要过这样的生活，但是莫言没有自怨自艾，而是庆幸自己"劫后余生"，没有被勒令退伍。他将自己消极的情绪抛到脑后，秉持一种"既来之，则安之"的态度逐渐适应了

莫言语录

"爱的最高境界是经得起平淡的流年。"

新生活。

得失并驱

习惯农村兵生活的莫言并没有放弃学习，而是勤学苦练以冲刺高考。高考前，莫言已经能熟练地掌握一些函数题目，物理知识方面也进步很大。正当莫言找到“文革”前的高考题目准备做练习时，一位女生江干事却通知莫言不用再准备了，原本给部队的名额被取消了。

得知这个消息后，莫言相当失望，只感觉脑中一片空白。憧憬多年的学校与自己失之交臂，这么长时间的努力也只能付诸东流，看着别人从考场中走出来，莫言的落寞之感无以名状。

后来，“四个现代化”口号在全国推广，为了提高军队的文化标准，部队里也搞起了业余学校。领导们知道莫言的学识，就将莫言任命为业余学校的教师，教语文和数学两门课程。

日子仿佛回到了当兵前，莫言又回到了棉花加工厂的生活，小学还没毕业的他又要讲课了，而且这次的学生很多都是初中或者高中学历。

这次，莫言无比认真，因为害怕讲错了出洋相，他准备得相当充分。遇到难题时，他也会保持一股钻劲，绞尽脑汁将题目解出来，不留遗憾。

军区主管业余学校的王政委来视察工作的时候，听江干事介绍说莫言讲得不错，便点名要听莫言的课程，把指导员吓得赶紧找莫言千叮咛万嘱咐，望其不负众望。

莫言便相当重视这件事情，在仓库里对着农具一次又一次地练习，一次又一次地寻找经验丰富的教师上课的感觉。最终，在课堂上，他讲得逻辑清晰、条理分明，学员们也不折不扣地完成了他布置的各项任务，双方配合得相当默契。唯有一位王政委很不配合，整堂课板着脸，表情相当严肃，看得莫言心里有些发毛。

下课后，王政委在做总结时，无意中问道：“小管，你是哪所大学毕业的？”

莫言坦白他是小学学历，没有上过大学。王政委当场就怔住了，感觉很不可思议，一个低学历的农村兵竟然能把三角函数讲成这样，王政委直竖大拇指，对莫言赞不绝口。

王政委的“点赞”是无价的，这是坠入人生低谷的莫言这些日子来收到的最让他感到欣慰的礼物了。这样的好印象累积起来便成为莫言的好运气。

改道文学

1979 年 7 月，莫言与自己在棉花厂工作期间认识的女工杜勤兰结为夫妻。

莫言的蜜月刚度过一个星期，就被部队的一份电报召了回去。电报的内容很简单，只有“急，速回”三个字。他以为是有什么演习任务之类的紧急情况，便火急火燎地赶了回来。刚回到军营，领导就让莫言马上到保定训练大队去报到。保定训练大队与莫言的部队同属济南军区，莫言的这次调动显然是跟之前听过他的课并赞不绝口的王政委有关。

在保定训练大队，莫言以战士的身份担任教官，这个职位让莫言很吃惊。他有感于上级的器重与厚爱，工作起来更加卖力。经过刻苦的摸索与学习，他还给新兵们上起了文化课，与政治、工程学院下来的教官没什么两样。

不知不觉，莫言便成了高龄老兵，没有复员，也没有提干。部队规定，凡是当兵三年没有获得提干的，便要复员返乡。

军区领导破格安排莫言去保定训练大队做教官，就是爱惜莫言的才能，希望给他提干的机会，但凡事还得按照常规程序，领导要对他先考察一番。

1979 年年底，军队总政治部下发了一个文件，规定以后将不再从战士群体中直接选拔提干，所有干部必须经过院校或者是训练大队的培训才能够提干。文件中还有一条，战士年龄超过 24 岁就不能提干了。这对莫言是相当不利的，因为这时候他已经 24 岁半了。

面对这个人生难题，莫言一番惆怅之后很快就平静下来，他开始以一颗平常心面对这件事。

20 世纪 70 年代末，正是文学空前繁荣的时期。那时候，国家的改革刚开始，人们被一拨又一拨政治运动折腾得非常疲倦，极度缺乏正常沟通与发泄的平台，文学正是在这个时候承担起了诸多公共媒介的职能。

文学的风潮同样吹到了部队。部队规定，如果战士能在省级报刊上发表文章，无论长短，都可以记三等功一次。

三等功，这殊死拼搏才能获得的功劳就像围墙上挂着的一块肉，吸引着失意且一直爱好文学的莫言。起初他只把写作当成一种业余爱好，纯粹跟着兴趣走，没有计划，也没有方向。偶尔写下两行，也要背着战友们偷偷写，因为在军人这个简单的群体里，这样的行为确实有些不合群，当你的室友们闹翻天时，你却一个人坐在那里傻笑或是板着脸，那你被孤立的可能性是相当大的。

莫言开始疯了似的阅读与写作，他想把内心的忧虑和焦躁全都宣泄出来。莫言并没有对写作寄予多大的希望，他只是想通过这种方式表达自己的无奈，这是对命运的一种叹息。

当时的莫言绝对高产，他能够一个晚上写三篇短篇小说。他写完一篇就投出一篇，往地方报刊投，往《解放军报》投，往《解放军文艺》投，往各大军区的报纸杂志投，投出的稿件一直都处于一种被毙、被退回的状态。

退稿信还被上级看到过，有位老政委便善意地调侃他——小管真厉害啊，稿子搞得《解放军文艺》都不敢用。

莫言就是这样坚定不移地写着，也没有什么功利化的目标。终于在 1981 年的秋天，他的短篇小说处女作发表了。

留驻部队

领导们之所以迟迟不放莫言复员，依然是因为爱才惜才，但是在政策面前，谁也没有特权，等过了年就没有理由再留这个服役四年的老兵莫言了。

正在这节骨眼上，江干事拉了莫言一把——因为全军部队训练队政治教员紧缺，所以军区文件把政治教员列入特殊人员行列，可以放宽年限要求。于是，江干事便让莫言担任训练队的政治教员，把他列入文件所规定的特殊人员之中。

部队要对莫言的讲课情况进行考核和评估，莫言便赶紧答应下来，着手准备改教政治课程。对于政治课程，莫言的知识储备可以说是一片空白。在这种特殊情况下，他没有气馁，而是像从前一样，立即找来一大堆相关的书籍恶补知识，还向相关人士咨询和学习。

他找到了艾思奇的《辩证唯物主义和历史唯物主义说》，再通过向别的教员借或者到书店搜罗的方式，弄到了一些政治经济学读本和教材，用功将其消化。

莫言在家乡没有受到完整的教育，吃的不好，穿的也不好，十五岁之前受到了很多本不该属于他这个年龄所承受的打击，因而莫言的念头就是离开家乡后永远不再回去。这也是他从 18 岁那年起就迫不及待地报名参军的原因。为了支撑起这个梦想，他一遍又一遍地看资料，一遍又一遍地准备着，甚至对着河边的杨柳树慷慨激昂地讲课。就这样练习了很久，他终于能够做到全程脱稿讲课，其水平在训练大队里是很高的。

正是因为这样充分的准备，每堂课他都讲得深入浅出、思路清晰，他个人上课的状态也相当好，精神饱满，慷慨激昂，受到学生们的热烈欢迎。

以这样的状态，莫言通过了部队的考核，他以自己的勤奋为桨，最终划出了人生失意的湖泊。他的经历告诉我们，只要自己肯拼，就不会没有收获。若想捍卫自己的梦想，那就得有所行动，结果是什么已经不重要了，因为经历的就已经很有意义了。

告别“黑孩”时代

初逢喜果

莫言很爱写作，常常沉醉于其中无法自拔，笔耕不辍。虽然当时已经收到了很多封退稿信，还有无数篇稿件石沉大海，但是，他已经能坦然面对这一切了。

最终，莫言在河北省保定市文联主办的《莲池》上发表了短篇小说《春夜雨霏霏》，获得稿费 72 元，当时他每月的津贴只有 26 元。

这篇小说的发表也经历了一番周折。莫言曾经多次向《莲池》投稿，虽然每次都杳无音信，但他并没有气馁。直到收到《莲池》编辑部寄来的一封信，编辑约请莫言到编辑部谈谈，莫言的创作之路才有了转机。

莫言激动得整夜未睡。第二天一早，他就请假出营，前往保定赴约。在保定，莫言见到了给自己写信的编辑毛兆晃老师。

毛老师询问了一些莫言的写作情况，然后告诉莫言，他的写作基础还可以，但离发表的水准还有一定的距离，文章得拿回去好好改一改才能再做决定。

莫言似乎看到了希望，他立即赶回兵营，打算毫不留情地对整个稿件进行修改。可他想来想去，觉得一篇小说已经写成了，想大面积改动实在不太容易。于是，他整合了一下素材，重新写了一篇小说给毛老师送过去。

毛老师当场就看了莫言的稿件，并且对莫言坦言，这篇写的还不如之前那篇。

毛老师的话就像一块冰，瞬间冷却了莫言激动的心情。莫言开始反思自己的创作，因为他从来没有跟文学界的人交流过作品，他对自己写的好坏都没有清晰的概念。莫言承诺，自己会把这篇作品拿回去再好好改改，保证不辜负毛老师的厚望。

回到部队之后，莫言整夜整夜睡不着，一直在思索这篇文章应该怎样改。经过长时间的思想斗争，他终于决定，将两篇小说的素材打散重新炼制，组成一篇更加丰富的小说。这篇文章写完后，他认真修改，每一个标点符号都反复推敲，直至自己满意为此。

当他把这篇稿子再次交给毛老师的时候，毛老师没有立即给他回复，只是说先放在那里，等以后有时间再看。

莫言忐忑地等了好多天，终于收到了毛老师的回信。毛老师说这篇稿子改得不错，经过编辑部上下研究，刊物决定录用了，希望莫言好好学习，努力写作，写出更好的作品。这就是后来的《春夜雨霏霏》。

《春夜雨霏霏》这篇作品给了莫言极大的自信，他更加坚信，自己的创作之路可以走通。因为坚持，《莲池》给了莫言创作人生的第一颗喜果。

终于提干

毛老师很关心莫言，还曾经到部队里去看望莫言，了解莫言的基本情况。他很有文人雅士的情怀，平日里喜欢栽养花草，便希望莫言如果方便的话，给自己弄两块他们部队所在山上出产的上水石。

莫言正愁没有机会报答毛老师的恩情，便用麻袋背了两块上百斤重的上水石，汗流浃背地步行了十几里路，最终背到毛老师家。到六楼时，他已经精疲力竭、眼冒金星了，衣服都能挤出水来。毛老师被莫言的诚意深深地打动了，他努力为莫言牵线，帮助他向文学界慢慢靠拢。

好事成双，莫言上报的证明材料通过了上级部门的验证，他收到训练队政治部的来信，信中通知他已经正式转正，提干为训练队正式的教官。

莫言终于如愿以偿，不用再过面朝黄土背朝天的生活，面前是另一片辽阔的天地。他被调到了北京郊区的延庆县，担任京城卫戍部队的新闻宣传干事。这是一份崭新的工作，莫言只花了很短的时间就掌握了大量的新闻采写知识，整天追着新闻线索跑，写下不少新闻稿件。

因为工作效率极高，所以他每天都有很多业余时间放在写作上，也正是从这个时候开始，他把文学从爱好变成一种事业。

那时，他一个人住在北京，一家老小都在山东。没有人照料他，他常常看书到半夜，饥饿难耐，没有夜宵垫肚子，就吃大葱喝热水。多年下来，他得了严重的胃溃疡，每天都要吃药来缓解疼痛。

在延庆的闲暇时光，他又在《莲池》上发表了三篇短篇小说——《为了孩子》、《售棉大道》和《民间音乐》。《民间音乐》一文还受到了著名作家孙犁先生的赞赏。孙犁先生在《天津日报》上发表文章，肯定了莫言作品中相当多的闪光点。

一直被自己鼓舞、被别人激励，莫言越写越有感觉，他想起自己少年时因言获“罪”的往事，并将自己名中的“谟”字拆开，开始用笔名“莫言”发表文章。

赶考军艺

1984年，解放军艺术学院组建文学系，面向全军招收文学创作人才，以真才实学为上，以考试成绩为参考。

莫言得知这个消息的时候已经比较晚了，便舍掉了汇报上级的流程，直接跑到解放军艺术学院文学系招生办公室做自我介绍，要求报名，并留下了自己的短篇小说《民间音乐》，还附上了孙犁先生评价这篇作品的文章。

几天之后，他得到消息，徐怀中主任看了他的文章，认为他是个不可多得的人才，同意让他报考。开心之余，一丝紧张的气氛又蔓延开来。7月1日就要高考了，而他复习的那天已经是6月20日了，掐指算来，只有十天的时间准备。在这短暂的十天之内，他需要复习政治、语文、历史和地理四个科目，在这种时间紧、任务重的情况下，小学毕业生莫言能从高考中挺过来吗？

高考时，语文和政治对他来说都没有问题，虽然这么多年没有上过学，但是他一直都在接触这两个科目，所以答起来得心应手。历史和地理却把他难住了。有一道题问中国边境有哪些国家，莫言绞尽脑汁也想不出，一抬头却发现考场前面的墙壁上就悬挂着一幅中国地图，他眯起眼睛一看，心中便有数了，朝鲜、苏联、蒙古、阿富汗、尼泊尔、巴基斯坦、印度等。这场考试就这样不留遗憾地结束了。

最终莫言以作品分数最高、文化考试第二名的优异成绩考入了解放军艺术学院文学系，成为解放军艺术学院文学系的第一届学生，开始了专业的学习。

重塑自我

莫言原本以为自己在写作上也算有点小成就，心里有点自信，但在军艺学习了一段时间之后，就没有原来那么自信了。原来的他根本就不懂小说结构、语言形式、意象组合等创作技巧，经过一段时间的学习，大有醍醐灌顶的感觉。他开始清晰地定位自己，静下心来以一个初学者的身份踏实地学习。

莫言的很多同学凭借自身的积累早已达到并超过大学文学系的水平，年纪上也跟莫言一样，但他们还是愿意在大学校园里深造，这是一种相当谦虚的学习态度。当时，同系里诸如李存葆、钱钢等人早已经名满天下，但他们学习写作时一刻都不放松，正是由于他们的带动，当时军艺文学系呈现出非常好的学习氛围。

莫言的同学们都没有上过大学，他们从繁重的劳动、无望的困境中重新回归课堂，所以倍加珍惜在校的时光。宿舍里人来人往，有人聊天，有人玩耍，为了不被打扰，他们戴上大耳机，除了吃饭、睡觉、上厕所和短暂休息，就是一直闷头写作。

当时文学系的学生们都能通过发表文章获得不菲的稿费，所以他们把自己的宿舍称为“造币车间”，而大家则把最拼命的莫言称作“头号造币机”。其他人只是偶尔熬夜写作，而莫言则是整夜整夜地写，最疯狂的时候一个晚上写出三篇短篇小说，分别是《大风》《石磨》《五个饽饽》。莫言尽情地创作、书写，并不觉得累。

曾是"黑孩"

在莫言的疯狂写作时期，他做了一个神奇的梦，梦里有一块很广阔的胡萝卜地，在灿烂的阳光下显现出灿烂的光影。一位老者在田里劳作，一个女子手持鱼叉，叉起一个大大的红萝卜，高高举起一面旗帜，迎着阳光走向远方。那红萝卜在耀眼的阳光下变得透明，闪耀着奇异的光芒。

莫言回忆起自己刚辍学时艰苦的帮工岁月：白天在一个桥梁工地上当小工，晚上睡在桥洞里。洞外是生产队的萝卜地，他曾到萝卜地里偷吃萝卜，遭到了种田人的羞辱，还挨了父亲的打。

他开始动笔写小说，给它取名为《金色的红萝卜》，设定了一位小小的主人公"黑孩"，以"文革"为时代背景，把自己少年时代在水利工地当小工帮人家打铁的往事写了进去。

他用一周的时间写出初稿，又用一周的时间誊写。当他把小说给系里的干事刘毅然看的时候，自己心里也是挺没底的，但刘干事的评价却让他松了一口气——刘干事评价这篇文章不仅仅是一篇小说，还是一首长诗。主任徐怀中看了这篇文章，建议莫言将题目改成《透明的红萝卜》。

莫言将稿子投到了刚创刊的《中国作家》杂志。编辑萧立军看到稿子后震惊了，他马上联系莫言，建议他找徐怀中老师组织一个座谈会，汇总一个座谈稿。

徐怀中亲自主持了座谈会，鼓励大家对莫言的稿件发表意见。座谈会最终形成了稿件《有追求才有特色——关于 < 透明的红萝卜 > 的对话》，与莫言的原文一起刊发在杂志上，前面还加上了编者按——“本篇是莫言的第一部中篇小说，写作上很有新意，艺术上很有追求，是值得一读的作品。”这期杂志出来后，中国作家协会也为莫言召开了一次研讨会，将莫言推向了文坛。

莫言曾经说过：“如果硬要我从自己的书里抽出一个这样的人物来代表自己，那么，这个人物就是我在《透明的红萝卜》里写的那个名字‘黑孩’。”

莫言说得很对，在他走向文坛之前，他确实是一个“黑孩”，平凡且悲苦。“黑孩”能成长为大众热议的作家的确是让人意想不到的。他在中国作家协会的研讨会上正式进入文坛，但是在此之前他所付出的努力，却是抹煞不了的。

打破瓶颈

在创作完《透明的红萝卜》之后，莫言感觉整个人都被搬空了。他写不出东西了，即使写，也像挤牙膏一样。这一创作高潮期，他已经透支了自己的人生阅历。

在他创作的瓶颈期，良好且系统的文学教育帮助了莫言。这时候的中国刚刚开放，人们的眼光开始转向西方国家，文学系开始为社员们上外国文学课程，学院还邀请当时国内最有前瞻性眼光的学者来教课。

这些外国文学课程，使得依赖天赋和阅历写作的作家们第一次了解到，除了本国当代及社会主义现实主义之外，还有那么多世界知名的作家和作品。这样的课程给了莫言极大的启示，川端康成和威廉·福克纳正是在这时走进了他的世界，他们的作品对跌入创作谷底的莫言伸出了援助之手，为莫言后来的创作提供了源源不断的创意与灵感。

当莫言读到川端康成《雪国》里的一段时，简直兴奋到了极点——“大概为了避免积雪，顺着客栈的墙角临时挖了一条小沟，将浴池溢出的热水引到大门口，汇成了一个浅浅的水潭。一只壮硕的黑色秋田狗蹲在那里的一块踏石上，久久地舔着热水。”

莫言仿佛在川端康成的笔下看到了未来的自己，他渐渐领会了汪曾祺前辈上课时跟他们提及的小说写作真谛：“小处说说。”恢宏的描写是没有必要的，只要小小的一点，便可以渲染全世界。

莫言的灵感就像裂开的水阀里喷涌出来的水，他迫不及待地拿出纸笔，趴在桌上写道：

高密东北乡原产白色温驯的大狗，绵延数代之后，很难再见一匹纯种……有一匹全身皆白、只黑了两只爪子的白狗，垂头丧气地从故乡小河上那座颓败的石桥上走过来，我正在桥头下的石阶上捧着清清的河水洗脸。

这段与川端康成的文字有着异曲同工之妙的作品正是莫言小说《白狗秋千架》的开头。正是川端康成的作品，提醒莫言从脑海中发掘乡情的价值。

威廉·福克纳在作品中虚构的地理版图“约克纳帕塔法县”也让莫言意识到，原来一个人可以创造一个子虚乌有却又极端真实的世界。

给莫言以启迪的不只是这两位，马尔克斯、博尔赫斯、略萨等人的“魔幻现实主义”世界更是给莫言思维的水阀以最后一击，莫言的想象力从此泛滥起来。

高粱红了

莫言的《红高粱》在《人民文学》上发表后，好评如潮，还获得了第四届全国短篇小说奖，莫言瞬间由文坛新秀升级为在中国具有巨大影响力的作家。

《红高粱》受到好评之后，莫言的创作热情再次高涨，一口气接了很多家的约稿，在家没日没夜地写起来。一个中午，楼下有人以超级大的陕西口音大喊“莫言”。莫言一看，发现是一个穿着破汗衫、剃光头的男人，手里还提着一只断了跟的凉鞋。这人便是张艺谋，当时他36岁，因担任《黄土地》的电影摄影师

与主演电影《老井》而声名远扬。

张艺谋表明了自己的来意，他已不甘心做摄影师和演员，他非常想拍摄一部完全属于自己的作品。张艺谋早在看到《人民文学》上的《红高粱》时就激动不已，莫言的文章勾起了他强烈的欲望，他已经在内心里将这篇文章作为自己电影剧本的“不二之选”。

与莫言见面之后，张艺谋感觉莫言敦实沉稳，像个生产队的会计之类的人物；而莫言看张艺谋则朴素憨厚，像个农村的生产队长。两个“农村生产队成员”就这样谈得相当投机，一点儿也不拘束。

莫言对这个生产队长很有好感，很快便将《红高粱》的改编权给了他。莫言骨子里有一股山东大汉的豪爽劲：“所有人都说我像个农民作家，农民作家肯定信赖农民导演，都是农民兄弟，我找一个工人、知识分子可能他还导不了，你爱怎么改怎么改，你要‘我爷爷’‘我奶奶’在高粱地里试验原子弹也与我无关。”

电影在高密取景，展现了原汁原味的高密生态。那时候，高密东北乡早已不种植产量低、口味差的高粱了。因为拍戏需要，莫言和张艺谋安排当地村民种植高粱，自己也亲自参与其中，总共种了20亩。

为了解决高粱生长不好、发育不良的问题，莫言和张艺谋还请了高密县政府帮忙，特批5吨化肥，一个月便将高粱催熟，给电影送去了一片火红的高粱之景。

电影拍得相当成功，不仅捧红了巩俐、开启了张艺谋的导演生涯，还获得了柏林电影节

莫言语录

“尽管说了实话会显得很不近人情，但我还是要说，得奖和写作，真的没有什么关系。我的意思是说，一个作家，第一不会也不应该把得奖作为自己写作的动力，第二，得奖并不会使他的小说变得好起来。已经写出来的小说不管得奖与否，是好是坏，已经无法改变。还没写出来的小说，甚至必须与得奖小说大唱反调，才会有价值。”

金熊奖。那一首《妹妹你大胆地往前走》更是红遍祖国的大江南北，活跃在一代又一代青年人的歌喉里。莫言也因为这部电影被大江南北的人们所熟知。虽然整部电影创收 470 万元，但莫言只拿到了 800 块钱的改编稿费。

他坐火车返京，一路上听别人在唱电影里的两首主题歌《酒神歌》《妹妹你大胆地往前走》都快听腻了，但也不得不感慨影视传播的力量之大。

莫言并没有因此在后期有所懈怠，相反他更加拼命了，不断地推出一部又一部极具影响力的作品，有力地将自己推向世界文坛。曾经的电影影响已经被他后期的高水平作品所覆盖，他绝对是一个不喜欢躺在旧成绩单上睡觉的人。

或许，那个在《透明的红萝卜》里的“黑孩”正是在这里告别他的“黑孩”时代的。

我们很多人都抱怨自己是个“黑孩”，无论什么时候看，都感觉自己很普通，甚至是卑微，但我们更应该清楚，“黑孩”不是一夜就褪去“黑孩”身份的，他要通过自己艰苦卓绝的努力，才能为自己创造一种精彩的生活。

只要生活有希望，我们也终究会告别自己的“黑孩”时代。

既不神秘，也不高贵

走出国门

《红高粱》这部电影是我国首次在国际 A 类电影节获得大奖的电影。借助电影的影响，莫言的作品首次被翻译到西方国家，被外国文学研究者关注。国内对于莫言作品的解读，则是与电影如出一辙。大家都认为莫言意欲暴露东方落后、野蛮与愚昧的一面。此时，莫言意识到，唯有不断地沟通、交流才能消除这种误解。

1987 年，莫言跟随中国作家代表团首次访问联邦德国，在伯恩和西柏林短暂停留。在德国，他们一行人受到了华人华侨的盛情欢迎。这次出行，为莫言在德国影响力的不断扩大奠定了良好的基础。

时隔四年，莫言访问了新加坡，参加了由《联合早报》、《联合晚报》和《新明日报》联合举办的第五届国际华文文艺营及金狮奖颁奖典礼。作为金狮奖的海外评委之一，莫言发表了题为《历史化的文学和文学化的历史》的演讲。

2004 年，莫言应新加坡国家艺术理事会之邀，以编剧的身份，与中国蓝天话剧团重返新加坡，参加话剧《霸王别姬》的演出。

在这次出访新加坡的过程中，莫言得以结识中国台湾地区的作家张大春、龙应台等人。大家凑在一起聊文学，颇为投机。张大春还向莫言约了稿，这次约稿帮助处于低谷期的莫言走出了阴影。当时，莫言一度觉得在写作上没什么信心，应允张大春之后，他一口气写了十几篇短篇小说，重新找到了创作的感觉。

莫言作品在台湾几乎和大陆是同步推出的，大量台湾读者通过这些作品了解了大陆几十年的变迁，也对大陆同胞有了相当深刻的认识，可以说，莫言作品在台湾与大陆人民的情感沟通方面功不可没。

结缘日本

早在 1989 年，日本翻译家井口晃未经莫言授权，就翻译出版了《红高粱》，自那以后，日本文学界就一直保持着对莫言的高度关注。

1996 年，东京大学藤井省三教授将莫言的《酒国》翻译成日文出版，为了让日译本更加通俗易懂，他还加上了副标题“特派警察官丁钩儿的冒险”。藤井省三评价这部作品是“处于农村的魔幻现实主义”。

在日本，莫言作品的主要翻译者是日本著名汉学家吉田富夫教授。1997 年 3 月，莫言和吉田富夫首次见面时，就聊到了《透明的红萝卜》。吉田说，自己小时候就叫“黑孩”，常被欺凌，所以他看了这篇小说便产生了共鸣，非常感动。

吉田的一句话打动了莫言：“你是农村的孩子，你父母是种田的；我是山村的孩子，我父母是打铁的，我们是一样的。”几天后，吉田特地邀请莫言到自己家乡来，他的家乡在广岛县一个封闭的山村里。吉田告诉莫言，自己的母亲也像《丰乳肥臀》里莫言写的母亲一样，经常光着身子打铁。

后来，吉田教授也来到莫言高密的老家，体验莫言家乡的乡村生活。正是这样的缘分，使莫言大方地将自己所有作品的日文翻译工作全交给了吉田教授。

1999 年秋天，莫言应日本华裔学界邀请访问日本。莫言来到了伊豆半岛汤本馆，在川端康成写作《伊豆舞女》的旧址盘桓，向这位给自己无尽启迪的前辈致敬。

蜚声西方

莫言与自己作品的英文译者葛浩文也是相当投机，葛浩文可谓莫言在英文世界里最好的知音。葛浩文年轻时是个好玩、不爱学习的青年，在越南战争的炮火中成长起来。自认为洋文还没学好，就到中国台湾求学、自学中文，后来回国在印第安纳大学师承柳亚子之子柳无忌。

2000年，因为推介英文版《酒国》，莫言跟着葛浩文在美国到处宣传，还到了葛浩文的家里。莫言见到葛浩文家中的客房里满满一书架的中文小说，感慨不已，立即钻进书堆里。

莫言在美国斯坦福大学发表了题为《饥饿和孤独是我创作的财富》的演讲，回忆了自己的童年生活和创作动力，提出著名的“三顿饺子”理论。后来，他又在美国加州大学伯克利校区发表了演讲，题为《福克纳大叔，你好吗?》，隆重地向美国作家威廉·福克纳致敬，阐述了福克纳对他的巨大影响。莫言认为自己正是因为学习了福克纳理直气壮的“撒谎”精神，才得以塑造一个纸上的共和国“东北高密乡”，他把福克纳当作与他在同一个村庄里劳作的大叔，并把他看作自己的导师。

正是葛浩文的引领、推广，莫言的作品才能在西方世界畅销。在后来的诺贝尔文学奖颁奖演说中，莫言首先致敬的便是他作品的诸位翻译者，正是他们，驾着一叶又一叶扁舟，将莫言的作品推向海外。

在《收获》主编程永新看来，莫言能获得诺贝尔文学奖的青睐离不开这些译者的努力：“其实中国近二三十年写出好作品的作家不在少数，但是其中只有莫言等极少数的小说家能进入了西方主流文化视野。部分原因在于，汉语本身的特质，很难准确翻译传达给海外读者。莫言无疑是幸运的，他作品的译者陈安娜、葛浩文是非常优秀的。在海外为莫言作品做出版推广的公司兰登书屋也是美国非常厉害的出版社。”

程永新还引用诗人欧阳江河的一句话说，一个人得诺奖，看起来是他一个人努力的结果，其实证明了他背后有很多人为此辛勤并有效地工作。正是这些译介，让莫言进入了西方文学评论界的视野。

险胜村上

2012 年 8 月，欧洲的几家博彩公司依惯例开出了当年诺贝尔文学奖获奖的赢家赔率表。如前几年一样，村上春树依然榜上有名，而且身处前列。他曾多次处于各大博彩公司赔率表前三名，一直被称为“离诺贝尔文学奖最近的人”，但至今未能得奖。

而今，莫言首登国外博彩网站诺奖预测榜单，却是一匹耀眼的黑马。英国博彩公司立博的赔率表上，莫言以一赔十二紧随村上春树之后。法国博彩公司的预测也差不多，第一位是村上春树，第三位是莫言。不过，在瑞典博彩公司 Unibet 的榜单上，莫言以一赔六点五的赔率超过村上春树，排在第一位。

不过，许多日本媒体依然认为村上春树注定获得当年的诺贝尔文学奖，而莫言只是他的一个竞争对手而已，甚至中国的许多人也认为村上春树的胜算较大。10 月 10 日，上海译文出版社副社长赵武平发微博称：“由夏威夷回到东京，新闻发布会已在筹备，看样子真的是村上了。”大局似乎已经落定。

村上春树的中文译者林少华也曾认为村上春树获诺贝尔文学奖的可能性比较大，因为他觉得村上的作品与诺贝尔文学奖的标准比较接近。他同时调侃道：“如果村上春树得诺贝尔文学奖，对我个人也有好处，但作为一个中国人，我还是更希望莫言能得奖。”

在名单公布之前，日本所有媒体都行动起来。所有的人都翘首期待村上春树获奖的喜讯，报社、书店为村上获奖做足了准备工作，每个人都坚信当年诺奖可以花落村上。

村上春树的另一位中文译者施小炜也被日本媒体邀请撰写关于村上作品的文章，打算获奖后刊登。一切似乎都已经准备好了，只欠“春”风。

结果揭晓当晚，在立博公司的最新赔率榜上，村上春树依然雄踞第一，而莫言则跌至第四。在中国国内，莫言也不被看好，很多人开玩笑以此押赌注。几家门户网站的显要位置上还都放上了这样的评论文章《各方热议莫言能否得奖　白烨称中国作家10年内无望》。

然而，诺贝尔文学奖最终花落莫言，村上春树再次与诺贝尔文学奖失之交臂。当彼得·恩隆德通知莫言获奖的消息时，莫言十分惊喜，又有些忐忑。村上春树那晚的心情，我们无从得知。

施小炜并不愿意说这次诺贝尔文学奖是莫言击败了村上春树："毕竟这是文学评奖而非武术对决，他们二位不是拳击手，一位把另一位击倒出局。他们二位都是非常有成就的作家，谁得奖我觉得都很正常。而且得诺奖这件事本身也是有点机缘的意味在里面，我猜莫言自己对这个结果也是有些意外吧。"

而桥本隆则认为日本是失落的："当莫言获奖的新闻从瑞典传来时，日本全国好像刹那间凝固住了，很多人都不相信自己的耳朵，还有的人打电话去报社问，为什么诺贝尔奖给了莫言，而不是给村上？"

其实这也是很多中国读者的疑问。对中国的许多年轻人而言，他们对村上春树的熟悉程度远超莫言。尽管莫言一直是国内的一线作家，但村上春树这十余年来风头日劲，那本《1Q84》更是文艺青年的必读书目。

《新民晚报》调查了近一年来上海书市上莫言作品和村上春树作品的销量对比，发现两者差距不小。其中，上海书城从2011年10月1日到2012年9月30日，莫言作品共卖出413本（册），村上春树作品共卖出5761本（册）。莫言作品里最受欢迎的是上海文艺出版社的新作《蛙》，卖出260册；村上春树作品里《1Q84》卖出1924册，《挪威的森林》卖出1315册，新书《当我谈跑步时，我谈些什么》也表现不俗。在其他国家，莫言作品的销量更是远不及村上春树。

偏偏莫言

不过，畅销对于诺贝尔文学奖的评选未必是什么有利的因素。在诺贝尔文学奖评委会看来，没必要再把荣誉授予那些已经享誉世界的作家，因为他们已经足够出名了。他们希望"把世界舆论引向一位完全体现了自己国家灵魂但在国境之外默默无闻的作家”，让国际读者“大吃一惊”。

1913年，印度诗人泰戈尔获得诺贝尔文学奖，这是瑞典学院长久的骄傲。曾任诺贝尔文学奖评委会主席的谢尔·埃斯普马克在《诺贝尔文学奖内幕》中解释道：“第一次，从长远的观点来看也许是最后一次，我们有幸发现一个伟大的名字，在它还没有在报纸的栏目中反反复复出现多年以前。”

《亚洲周刊》总编辑邱立本在微博中说：“为何莫言击败村上春树？因为他更泥土，更有文化的纯净性。而村上更像文化的混血儿，掺杂太多西方的东西，从爵士乐到威士忌，虽然我都很喜欢，但评审还是优先给了莫言。其实没有谁好谁不好。村上要等下一届吧。”

林少华说：“村上作品极少出现例如富士山、和服、艺伎、刺身甚至樱花等典型的日本符号，而莫言作品如果从中剔除例如红高粱、高密等中国符号，恐怕就无以存在。换言之，莫言作品具有强烈的民族性和中国色彩。而这点未尝不是他的优势或使得瑞典学院最终选择他的一个原因。”

莫言觉得自己的作品打动评委会的也正是这一点：“我的文学表现了中国人民的生活，表现了中国独特的文化和民族的风情。同时我的小说也描写了广泛意义上的人。”

诺贝尔文学奖获得者之一、日本作家大江健三郎一直把莫言这个老朋友当成“可怕的对手”，他家里存了一瓶茅台等着莫言获奖之后去喝。很多年前他就预言，如果继他之后还有亚洲作家能获得诺贝尔文学奖的话，他看好莫言。他曾对莫言说过：“在你的作品里，我经常可以看到作为中国人应是什么样子，我也了解到你目前仍继续在写当代题材的小说。”

凡人莫言

“莫言获诺贝尔文学奖后，政府立即颁发巨额奖金，开发商奖励海景别墅，山东高密县修建莫言纪念馆和塑像，莫言就读的小学更名为‘莫言小学’……”在诺贝尔文学奖揭晓后，立即有网友贴出这样的微博。网友没有预料到的是，莫言获诺奖产生的“连锁效应”远超于此。

一系列荒唐的“莫言效应”越演越烈，社会庸众看重的不是莫言的作品，而是莫言获奖而创造的商机。他们或许连莫言作品的一个字都没读过，只知道有莫言这个人，知道他的本名好像是叫管谟业，知道他得了诺贝尔奖，其他的一无所知。或许有一天，你拿一篇莫言的作品，将作者的名字藏起来放在他们面前，他们根本就看不出那是谁的作品，又或者连看一下的兴趣也没有。

在接受央视采访时，莫言被董倩追问“你幸福吗？”，给出的答案是“我不知道”。因为在莫言看来，“幸福”就是什么都不想，一切都放下，身体健康，精神上没有什么压力。莫言坦言，“我现在压力很大，忧虑重重，能幸福么？我要说不幸福，那也太装了吧。刚得诺贝尔奖，能说不幸福吗？”

莫言并不是凌驾于万物的神仙，而是很多平凡人的朋友，很接地气的一个中国人。他的朋友跟文学很疏远，真正的贴心朋友反而是从事别的工作的。住在部队院子里时，有一些当兵的跟他特别好，还有青少年时期的一些朋友。

他言辞甚少，肚子里却装满逸事趣闻。在国外演讲时，他把作家比作乌苏里江中的大马哈鱼；与记者对谈时，他又把作家比作肚里排着一团卵的老母鸡。他是健谈而有趣的。

他曾如此倾诉自己的感受：“一个作家，一辈子其实只能干一件事，把自己的血肉，连同自己的灵魂，转移到自己的作品中去。我天天做梦，每天夜里都沉浸在纷繁不安、乱七八糟的梦境中，感觉 50% 的脑细胞是清醒的，大脑只有一半在休眠，似睡非睡，醒来后往往感觉夜里在梦境中奔跑得四脚乏力、筋疲力尽。”

“听听戏曲，是种放松，也是艺术熏陶。”这是莫言现在最大的业余爱好。朋友送来一套宫崎骏，“每部里面都有不同的动漫形象，都有很紧张的气氛、很神奇的东西，我全看了，很好看！我也喜欢可爱的东西。”

莫言的爱好与平民无异，他所取得的成就也是他一次又一次付出叠加起来的颜色。那颜色很美，令人艳羡，但也请艳羡这颜色的人们看到颜色背后的故事。

正如莫言所说：“作家就是一个职业，而且这个职业既不神秘，也不高贵。”

韩寒

——在每个繁星坠入深谷的夜里——

十多年过去了，那个曾在教育界掀起风浪的少年依然没有被我们遗忘。直到现在，他仍然在我们的视野里光彩熠熠。韩寒的名字伴随一代人成长，他也在岁月的洗刷和磨炼中证明自己是一块璞玉而非顽石。

陶轲 / 摄

1982 年9月23日，出生于上海。

1999 年，以《杯中窥人》一文获得首届全国新概念作文比赛一等奖。

2000 年，正在上高一的韩寒退学，后出版首部长篇小说《三重门》。

2001 年，出版文集《零下一度》，该书获得当年全国图书畅销排行榜第一名。

2010 年3月13日至15日，正式加入斯巴鲁中国拉力赛车队。4月，登上美国《时代周刊》封面，并与奥巴马、比尔·盖茨等人一同入选《时代周刊》“全球最具影响力一百人”。同年7月，主编杂志《独唱团》发行。9月，出版《1988：我想和这个世界谈谈》。

2011 年3月15日，韩寒等近50位作家联合署名发布《315讨百度书》，请求法院判令被告停止侵权行为，关闭百度文库，并且连续7天在百度首页向原告赔礼道歉。韩寒的《像少年啦飞驰》《零下一度》《1988：我想和这个世界谈谈》三本书，共索赔76万多元。5月，韩寒等5位作家和路金波、沈浩波等5位出版商联手，在北京宣告成立“作家维权联盟”，以公益组织的形式帮助签约作家维权。11月，在中国内地出版杂文集《青春》。12月23日至26日，韩寒连发《谈革命》《说民主》《要自由》三篇博文。

2012 年6月，发布APP阅读应用“ONE·一个”，类似于电子杂志，每天向读者推出一篇文章、一张图、一句话、一个问题。同年7月10日，“韩寒状告百度文库侵权”一案在北京海淀区人民法院开庭。9月17日，该案由海淀区人民法院做出一审判决，判决百度赔偿韩寒经济损失和维权费用9.58万元，但驳回了韩寒要求关闭百度文库的诉讼请求。

2013 年12月，电影局官网公布的全国电影剧本备案立项公示的通知中，一部名为《后会无期》的电影的编剧一栏注明的是韩寒。

2014 年1月6日早晨，韩寒通过微博证实自己担任编剧和导演的电影处女作《后会无期》即将开机。7月24日，电影《后会无期》上映，上映18天，票房近6亿，成处女作票房第四高。同年8月1日，出版随笔散文《告白与告别》。该书主要讲述韩寒的过往与梦想、所思所悟，更独家收录韩寒执导首部电影《后会无期》全过程，展现他从作家向导演转型的心路历程。

2002年，出版小说《像少年啦飞驰》。

2003年，开始职业赛车生涯。

2004年3月，出版文集《韩寒五年》，除了在我国香港、台湾地区出版繁体版本之外，该书有法国、韩国、新加坡、日本等不同的版本。其中，法国版本成为法国2004年10月最畅销图书。同年，出版小说《长安乱》。

2005年，出版赛车随笔《就这么漂来漂去》。9月，开通博客，开始博客写作。年底，签约环球唱片天韵文化。

HANHAN

韩　寒

大事年表

2006年，出版长篇小说《一座城池》。5月23日，个人单曲《私奔》MV发行。9月28日，首张集音乐、诗文与影像于一体的礼盒包装唱片书《寒·十八禁》发行。

2007年，出版长篇小说《光荣日》。

2008年3月，出版博客精选集《杂的文》。获得全国汽车场地锦标赛珠海站国家杯冠军。

2009年，出版长篇小说《他的国》《可爱的洪水猛兽》。在中国汽车拉力锦标赛第二站CRC北京站，夺得国际组国内车手冠军。12月20日，2009赛季CRC收官战邵武拉力赛正式落下帷幕，韩寒以最后一个分站的冠军，收获中国汽车拉力锦标赛N组2009年度总冠军。至此，韩寒成为中国职业赛车史上唯一一位场地和拉力的双料年度总冠军，同时拥有象征中国职业赛车两项赛事最高荣誉的冠军奖杯。

一张落寞的脸消融在夕阳里

十多年过去了，那个曾在教育界掀起风浪的少年依然没有被我们遗忘。直到现在，他仍然在我们的视野里光彩熠熠。韩寒的名字伴随一代人成长，他也在岁月的洗刷和磨炼中证明自己是一块璞玉而非顽石。

韩寒的文学作品深受青少年喜爱，他的文学创作水平也在非议声中不断得到认可。

平凡少年

韩寒的童年和普通孩子一样，按部就班地上学、读书，并没有接受过特殊的“智力开发”训练，而是充满了自由和快乐。其他小孩被强迫去上各种补习班时，韩寒正揪着龙虾的胡须玩耍。父亲韩仁均对他品格方面的要求很高，在其他方面倒是比较放松，尊重韩寒的意愿，不强迫他学习。这样天真烂漫的童年时光给韩寒留下了美好的回忆。

有趣的是，看似不用功学习的韩寒在读小学时成绩一点都不差，还因为成绩好被任命为班里的学习委员。本来韩寒想当班长，可是竞选班干部时他竟然得了全票，因为他自己也投了自己的票，于是老师便以韩寒不谦虚为由，没让他当班长，让他当了学习委员。

为了让即将升入中学的韩寒有更好的发展，韩寒一家搬到了朱泾镇，父亲希望他能上罗星中学。1995 年，韩寒来到罗星中学借读。在学校开学组织的摸底考试中，韩寒三门总分考了 273 分，平均每门 91 分，全家人都很激动，后来才知道这个分数在总共 54 名学生的重点班上只能排第 42 名。韩寒很纳闷，周围的同学都是怎么学的？他觉得自己已经足够优秀了，再费尽心思啃书本也是徒劳无益。于是，他的成绩便渐渐没有了起色。

在这所学校里，韩寒产生了很多兴趣爱好。他虽然个子不高，足球却踢得很好，在球场上总是兴奋得无法自拔。他还对摄影产生了浓厚的兴趣，爱好摄影促使他游历了祖国的大好河山。

初露锋芒

韩寒在看江苏《少年文艺》杂志时，发现自己的文章很符合这本杂志的要求，因而萌生了投稿的想法。父亲听了他的想法，便泼冷水道：“不要口气大，你先写写看。”表面上是泼冷水，实则很期待儿子能写出好文章。

在那个“留连戏蝶时时舞，自在娇莺恰恰啼”的季节里，韩寒的《弯弯的柳月河》《夕阳依然美好》等文章应运而生。他将稿子分别寄给了几家杂志社。其中，《弯弯的柳月河》是寄给江苏《少年文艺》的，恰逢当时《少年文艺》杂志社人员调整、管理混乱，韩寒等投稿者的稿件纷纷被忽视。那时，饶雪漫刚刚来到杂志社，见到地上完整的信件，便捡起来拆开看看，就看了几眼，韩寒的文学之路上就出现了署光。

接连几篇文章在《少年文艺》上发表，韩寒逐渐被广大中学生读者熟知并收到了来自全国各地的中学生寄来的信件。饶雪漫曾对其作品《书店（一）》给出这样的评价：“用少年纯真明亮的眸子，透视出当代图书种种可悲可笑之处，毫不留情地将其中的荒谬乖戾、欺骗人、蛊惑人之处揭示出来……勾勒形象比喻、夸张、幽默讽刺等手法，把漂亮外表下种种花招解剖得淋漓尽致……辛辣老到，冷峻犀利，让对手在狼狈尴尬中无处可逃。”由此可见，中学生韩寒的写作水平已经很高了。

升学风云

韩寒经常发表文章，同时发展其他兴趣爱好，他曾多次刷新学校中长跑记录，可以说，韩寒的生活确实过得有滋有味。当时的数学老师对韩寒有偏见，尽管这样，韩寒的数学成绩依然很好，有一次考试还考了 100 分。但是数学老师却怀疑韩寒作弊，于是让韩寒到办公室再答一遍。当韩寒因卷纸上的字迹不清楚而向老师询问时，老师就断定他此前考满分一定是作弊了。

数学老师还经常跟韩寒的父亲说韩寒的各种问题。有一次，他对韩寒父亲说韩寒没交数学作业，结果父亲打了韩寒。就这样，韩寒逐渐失去了对数学的兴趣。

初三时，韩寒开始用功学习，他将升学目标锁定为上海重点中学——松江二中。虽然要达到这个学校的分数线希望很渺茫，但他还是想试试。中考结束后，韩寒被松江区的一所高中录取。可他并没有打消上松江二中的念头，于是跑到松江二中的体育教研办公室，毛遂自荐。他在测试时以 4 分 54 秒的成绩跑完了 1500 米，这让老师瞠目结舌。韩寒就这样以体育特招生的身份进入了松江二中。

高中生活

开学没多久，韩寒便开始创作自己构思了很久的长篇小说。韩寒写小说的时间不是在课外，而是在自己不喜欢的课上偷偷地写，尤其是理科课。这个少年除了语文课，其他课上他的课桌都会垒起很高的“碉堡”，而“碉堡”后面，这少年正奋笔疾书。大概正是这种紧张的气氛铸就了《三重门》中真真切切的校园感受。

韩寒曾怀着美好的憧憬报了很多文艺类社团，诸如合唱团、广播站、校刊编辑部等，然

> **韩寒语录**
>
> “城市好比女人，白天我们看见的只是大施粉黛的脸蛋，待到夜深时才可以见到她卸妆后的容颜。那才是最真实的。”

而社团与他构想中的文艺爱好者的世界是截然不同的——社团的主要工作似乎是一个个无关紧要的会议，会议中经常上演的“官位”争夺战，让韩寒的兴趣低至极点。最终，他一一退出了各种社团。

作为从初二就发表作品的前辈，韩寒理应进入文学社，可是社团指导老师顾忌韩寒日渐下滑的成绩，没有答应他的请求，表示暂时不希望他花太多时间写作而耽误了其他功课的学习。

当时韩寒一学期不听数理化课，那成绩确实不好说……

松江二中的教学楼是三座20世纪上半叶的建筑，每个建筑都有一个门洞。韩寒喜欢背靠廊柱坐在那儿发呆，从这个地方望去，刚好是三栋教学楼的三重门洞，也正是这个时期，他向他的好友们宣布，他正在创作一部长篇小说。

多年过去了，虽然同学们对过去的事情都记不太清了，但是他们都没忘记那个永远在教室一角埋头看书写作的少年。

参赛梦想

1998年12月，上海作协旗下的《萌芽》杂志联合北京大学、复旦大学等七所高校，举办了第一届新概念作文大赛。在大赛中获奖或者入围的应届高中毕业生，将进入七所著名高校的重点关注范围，视其情况予以提前录取或优先考虑。

韩寒看了征稿启事，蛮感兴趣，很快写出几篇文章并交给自己的父亲评判。父亲仔细端详片刻，然后摇摇头，觉得文章一般，没有出彩之处。父亲的点评让韩寒冷静下来，没有急着将文章寄出去，因为他觉得连父亲都评价不高的作品应该很难得到新概念作文大赛评委们的赏识。

突如其来的疥疮给韩寒制造了契机。老师为了防止疾病扩散，批准了他一周的假期，这给了他安安静静构思文章的机会。瘙痒难耐的疥疮让他想到了前一天看病的经历，那一幕给了他不少灵感。他的《求医》一文就这样诞生了。

看了这篇文章，韩父完全被儿子幽默的笔触所折服。得到了父亲的鼓励，韩寒便有了底气。在学校里，他铆足劲又写了一篇《书店》，跟《求医》一起寄给了萌芽杂志社。

复赛始末

韩寒的文章得到初赛评委、萌芽编辑胡玮莳的连声叫好，其他评委应声赶来，围观究竟是什么作品值得胡老师如此赞许。看完文章，每一个人也都赞不绝口，但也有评委质疑这文章是否出自这位16岁少年之手。于是，评委们商议重点关注他的作品，如果他放弃复赛或者复赛文与初寒文水平悬殊，那初赛文一定是捉刀代笔之作。

复赛当天，评委们特别留意韩寒的座位，可一直到考试结束也不见他的人影。一些评委已经确定了他是心虚，害怕露馅才不敢来参加复赛；但也有评委并没有过早地下结论，他们觉得，如果这篇文章真的是韩寒所作，那没来参加复赛就太可惜了。评委叶兆言和陈思始终不甘心，便向萌芽的编辑们提议再打个电话问一下。

打电话的是胡玮莳。真相很快就大白了——韩寒根本就没有收到复赛的通知。胡玮莳在电话里陈述了评委们的怀疑，韩寒略带激动地表示可以随时参加复赛，接受评委们的检验。经过评委们的商议，他们一致同意，只要韩寒中午赶到，即可参加复赛，希望通过这个举措给韩寒“验明正身”的机会，还文章一个清白，也为是否能挖掘出一枚文学的种子而捏了一把汗。

韩寒在一个单独的房间里“补考”，《萌芽》编辑李其纲受评委们的委托负责给韩寒出题。李其纲拿出一张纸，揉成一团，然后轻轻放进一只盛了一半水的水杯，告诉韩寒，这便是作文题目，随后离开。韩父当场就懵了，这题目也太奇怪了。韩寒却镇定自若，兀自思索几分钟，力透纸背地写下“杯中窥人”四字。韩寒提前了两个小时交卷，自信地走出考场。

颁奖大会结束后，韩父问韩寒是否要把奖状带到学校去，韩寒想了想，摇摇头，没说什么。或许这个“差生”觉得自己将奖状带回去也不会引起老师的重视，相反还可能引来变本加厉的冷嘲热讽，所以他拒绝了。

在肇嘉滨路上，韩父手上捧着奖状，目送渐渐消失在雨雾里的车，车上坐着自己最爱的儿子。

无奈留级

韩寒是《首届新概念作文大赛获奖作品选》中唯一一个收录文章达三篇的作者,《新民周刊》对大赛进行了报道，特别描述了韩寒的参赛过程。后来,《萌芽》杂志社召集所有一等奖获得者在上海图书馆签名售书，身着蓝色外套、头戴棒球帽的韩寒当场受到热捧，很多女生都围着他要签名。

可惜该来的挡也挡不住，到了期末，韩寒多门功课不及格，按照校方的规定，他只能留级了。在电话里，他被爸妈训斥了。时至暑假，他怕回家后不好向爸妈交代，便回到老家爷爷奶奶那里，潜心地玩与学习，一待就是十几天，然后才敢回家。回到家中，韩父已接受这一事实，便嘱咐他一定要读好第二个高一。

事与愿违，韩寒在第二个高一的第一堂课便跟老师闹僵了。在紧张的氛围中，韩寒淡定得像尊佛，岿然不动，安详地窥视着这个世界的一举一动，看潮涨潮落、花谢花开。

周五回家，韩寒倔强地拒绝认错。母亲一气之下让他滚，这是韩寒最听话的一次了，他提起书包便大步流星地走了出去。可韩母心软，刚坐下就责备韩父为什么不拉住韩寒，就这样让他走了。于是韩父骑车出去四处寻找，无奈快快归来，不得其所。

10点左右韩寒才往家里打了个电话，告诉父母自己现在很安全。可韩父刚要问他在哪儿，他便挂断了电话。那时的他正在海边，找了一个高地，安然地躺着，看漫天的繁星，听涛声缓缓入耳，海边的风有些冷，冻得他瑟瑟发抖，他冷静地思考着自己的一切。

留级岁月

留级后的韩寒很快就跟新同学打成一片。他这个人比较侠义，跟同宿舍的小伙伴们说，反正自己是留级的，学校的老师对他的印象也不好，以后用不着客气，宿舍里什么衣服没挂好、毛巾没排好的事情都推到自己身上，免得集体扣分。他们宿舍的小伙伴们也很“仗义”，一点都没客气，什么娄子都往韩寒身上推，弄得他哭笑不得。

韩寒在宿舍里最要好的朋友是金丹华，他经人介绍才认识了这位同样爱好文学的室友。每天晚上寝室熄灯后，韩寒一定会爬上金丹华的床，跟他畅谈文学，根本停不下来。每次谈到金丹华都困了，韩寒却还不离开，还找譬如“××作家出了本新书，我再在你这儿躺五分钟以示纪念”的借口腻在上面。

韩寒认真学习了一段时间，理科成绩明显有了起色。这一年，《新民晚报》用一个版面就“一个‘高才’留级生引出的话题”展开讨论，韩寒则于11月8日针对《新民晚报》上的讨论发表了一篇题为《穿着棉袄洗澡》的文章，以阐述自己的观点。之后，国内的一些媒体纷纷报道韩寒，不少学生和老师都写信到各大媒体编辑部发表自己的观点。媒体将这一现象总结为“韩寒现象”，至此韩寒再也没有什么心思学习数理化了，他刚刚有起色的学业再次被搁置。

上海东方电视台曾两次采访韩寒，第二次邀请他录制了谈话节目，那一期的主题是“高中生韩寒”。在这次节目上，韩寒毫不保留地表述了自己对应试教育的诸多不满。从此，韩寒每天都能收到很多从全国各地寄来的出于中学生之手的信，早晚自修的时候，他便会高调地把信拆开来看，他将这样的日子称为“信生活”。

韩寒语录

“我是一块上海大金子；我会让很多人反思自己。”

出书背景

《三重门》终于被上海的一家出版社退稿。该社认为，小说对当代中学生的面貌有一定程度的曲解，文字也比较油滑，表现了中学生的某些阴暗心理；他们还认为小说某些地方格调不高，并质疑韩寒的品位。

作家出版社的袁敏编辑在报道上看到韩寒创作长篇小说的消息后，主动联系了他，约他在自己所住的宾馆见面，希望看看书稿。韩寒第二天便带着书稿来到宾馆。袁敏听韩寒说自己的作品写得比郁秀的《花季·雨季》还要好，感到很意外。当时《花季·雨季》已经销售了上百万册，在中学生当中有着极为广泛的影响，韩寒这么说，的确让不知情的人感觉惊讶，甚至对他这种傲慢、自负的口气生出厌恶之感。

可袁敏看了他的作品之后，情绪顿时激动起来，她感觉自己肯定会成为这本书的责任编辑。2000 年，袁敏在《我编 < 三重门 > 的前前后后》一文中描述读这本书的感觉："《三重门》果然很棒，它的行文似有《红楼梦》的格局，它的用笔又有《围城》的韵味，它的语言藏龙卧虎、吸古纳典，语言本身有细节、有性格、有生命，充满灵性。它写的是一部校园小说，但却折射出社会生活的各个层面；一个 17 岁的少年对社会、对人生、对世事、对周围的一切，常能发出一些深刻独到、直抵要害的见解来，那份智慧、那种敏锐足以让成年人都汗颜。"

很快，袁敏便给了回复，这本书将由作家出版社出版。

韩寒参加了第二届新概念作文大赛，写完复赛文章《人生的定义》之后，他便游走于各个考场。这次复赛，韩寒并没有拿到一等奖，只拿到了二等奖。部分评委认为他已经得过一次一等奖了，应该把机会让给新人，还有的评委认为这篇文章不及第一届时的《杯中窥人》好。

辍学处境

2000 年腊月二十九那天，松江二中的校领导及韩寒的班主任亲自到韩寒家拜访，向韩寒一家表示，他们非常欣赏韩寒的写作才能，也愿意在这方面予以配合，给予韩寒足够充裕的阅读、写作时间。听起来很好的一件事，但校领导却话锋一转，说韩寒作为高中生，还是得先把功课做到及格水平，若是有需要，学校会安排专人为他辅导。

寒假过后，学校真给韩寒调了宿舍，提供了一个安静的环境，以方便他学习与创作。韩寒则表示，学校此举是为了使他不拖累自己班级的常规得分。搬宿舍时，所有的室友都赶来帮忙，大家唱起了当时颇为流行的《常回家看看》。

媒体报道了《三重门》即将由作家出版社出版的消息之后，作家出版社收到许多中学生寄来的信件，他们在信里恳求出版社不要删改太多，能将一本原汁原味的《三重门》送到读者手中是再好不过了。事实上，《三重门》在袁敏稍作修改之后，就再没有大的改动过。

浙江卫视、上海电视台等媒体都约韩寒录制节目，一时间韩寒成了媒体的焦点，可他的成绩却不见提高。学校找来了韩寒的家长，告知他们韩寒的成绩可能仍然无法及格，按照规定要退学或者转学。校方为韩寒想了一个对策，让他休学一年，学校为他保留一年学籍，若韩寒在一年内没有达到自己希望达到的水平，可以回来继续读书 ，学校的大门为他敞开。

韩寒离开校园的身影越来越像《三重门》的结局——主角林宇翔走出校门，“一张落寞的脸消融在夕阳里”。

但这并不是结局，韩寒的路才刚刚开始。

韩寒语录

“真理往往是在少数人手里，而少数人必须服从多数人，到头来真理还是在多数人手里，人云亦云就是这样堆积起来的。第一个人说一番话，被第二个人所见，和他一起说，此时第三个人反对，而第四个人一看，一边有两个人而一边只有一个人，便跟着那两个人一起说。可见人多口杂的那一方不一定都有自己的想法，许多是冲着那里人多去的。”

他塑造的最成功的人物是韩寒

韩寒走出校园，暂别学生身份，以一个社会人的姿态走进这个对他来说还很陌生的社会。从某种意义上说，社会真的是一所“大学”。在社会中，你会遇到形形色色的人和事，从人生经历中吸取教训，有时会比真正的大学获得更多的启迪。还是一个天真浪漫的少年的韩寒离开学校后又经历了什么呢？

未知远行

韩寒回到家中的第一个星期，《萌芽》杂志的主编赵长天老师便给了他一个“《萌芽》杂志特约记者”的头衔，因为之前韩寒同赵老师说起过想出去采风，有这样一个身份会方便一些。韩寒说自己想去山西的一个贫困县采访，赵长天便立即给山西作家协会主席写了一封信，希望韩寒到了山西之后他能够多多关照。

韩寒的首个目的地是北京，此次去北京是为了处理与《三重门》相关的一些事宜。韩寒下了K14次列车之后，很快便与袁敏见了面，商议《三重门》一书的封面。袁敏得知韩寒的一些状况之后，给他预支了5000块钱稿费以支持他的采风计划。在这之前，预支稿费在作家出版社是从来没有过的。

因为作家出版社送了他很多书，他不方便去山西，于是改道去张家口的怀安县了。在火车站买票的时候，韩寒先后被好几个骗子骗了钱，还善良地带一个骗子去吃了麦当劳。这一路的所见所闻所感让初入社会的韩寒开阔了眼界，长了见识，也为他开启了新的人生之旅。

无奈苦笑

《三重门》终于在2000年5月出版，此书由北京大学博士生导师曹文轩教授作序，首印3万册，上市3天即售罄。出版社紧锣密鼓地组织加印，仍然供不应求，加印的5万册也很快卖光了，其火热程度让人瞠目结舌。

出版社给韩寒在上海书城安排了一场签售会。签售会当天，等待签售的粉丝们一直从二楼排到六楼。韩寒签了一千多本之后，还有几百人排着长长的队伍在等待。韩寒无意中从报纸上看到他将在静安书店举办签售会的消息，顿时愣住了。因为他从来没听说过这样的消息，而且报纸上所说的时间与自己在金山新华书店的时间冲突。无奈之下，韩寒只有联系书店，对签售时间稍作调整，在金山新华书店签完后匆忙赶到静安书店，这才解决了问题。后来他又在北京、杭州、青岛及厦门等地举办签售会，很多媒体都进行了现场采访。

虽然他能够在全国很多城市签售，但他本人并不喜欢这种方式，因为太受拘束，不能按照自己的意愿做事，只能任人摆布。他好不容易可以按照自己的行程来到西双版纳，却有记者打电话给他说，14号上午将在南京书市举办签售会，出于无奈，他只能订了13号返回上海的车票，深夜到上海后还要转车去南京。可当他打电话给作家出版社、上海人民出版社及南京书市举办方时，三方都说活动不是自己组织的，搞得韩寒一头雾水。为了对读者负责，他还是拖着疲惫的身躯赶到现场，却被告知签售已经被推迟到下午了。

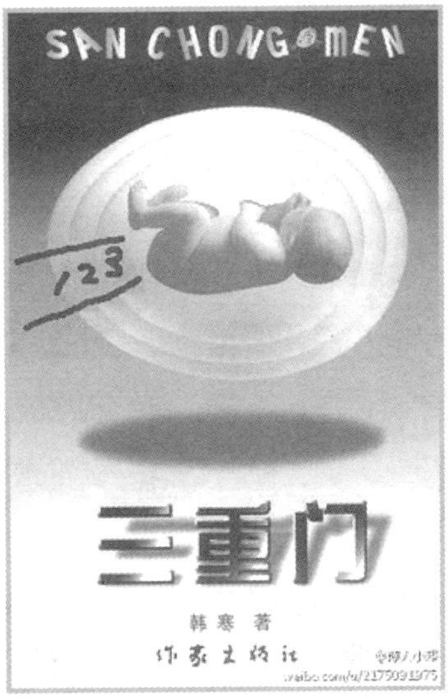

荒唐经历

第二天，主办方又安排韩寒参加一个读者见面会，可这个会是为了促销《我们的留言——致韩寒》一书，书里面收录的全都是读者对韩寒的看法。主办方还要求读者购买一本书之后才能参加读者见面会，并表示韩寒一定会为他们的书签名。

韩寒一再拒绝，现场的读者却坚持要求韩寒签名，在现场工作人员的帮助下，韩寒最终同意以“按手印”的方式解决问题。

本以为事情就这样结束了，第二天却有媒体报道“韩寒签售现场耍大牌 拒绝签名只按手印”，实在让人感觉荒唐与委屈。

更荒唐的还在后面，他的文集《零下一度》比韩寒交的书稿要“苗条”很多——出版社不仅大量删除了文字，还大刀阔斧地把书里近十篇文章删除，而这些改动韩寒是不知晓的。更加荒唐的是，书中最后一篇文章不是韩寒写的，而是一篇不赞同韩寒的文章，题为《韩寒三思》。韩寒原来写的后记直接被删掉了，这也是一个“前无古人，后无来者”的笑话，一个作者自己的书，竟然用一篇批判自己的文章做后记。

追求自由

韩寒的生活并不像媒体与读者们所想象的那样——退学写小说，从 4 月份休学到年底，他几乎没写什么东西。他去了很多地方游玩，也买了很多电影光盘回家看，还玩上了一辆轻骑 50CC……他做的很多事情都与媒体所讨论的“韩寒现象”无关，他想过自己真正想要的生活。

可媒体似乎不想让他清闲下来。复旦大学曾经邀请他去旁听中文系的课程，他拒绝了，媒体便做出“韩寒对复旦大学录取通知书置之不理”的报道，成功地塑造了一个浮夸的少年形象。至今，这样的说法还在流传。

摩托车远不能满足韩寒对赛车的喜爱。小时候，他只能在电视机里看赛车，看着赛车手一次次炫酷的表现两眼放光。他当时就特别羡慕拉力赛选手，他想，只要有机会，付出再大的努力也要去做这件事。

韩寒用自己的稿费买了一辆富康，然后把富康送到改装店，前轮罩换了一个大号的，边上装了鲨鱼腮，整车还加了尾翼，远看近看都很难识别出来这是一辆富康。

韩寒经常开着他的富康穿梭于上海大大小小的街道，不少人对他的另类富康过目不忘。他从卡丁车开始练起，经常光顾金山区的一个室内卡丁车场。在一次次练习过程中，他慢慢体会着赛车在赛道上的节奏。

速度之梦

为了开赛车，韩寒来到北京，加入了“北漂一族”，在这里寻找自己的赛车梦。

来到北京，打开电脑，他写不出一个字。学生时代的积淀已经被他消耗殆尽，新的生活还没有开始，他茫然不知所措。

他的书销量一直在下降。《三重门》卖了一百万册，《像少年啦飞驰》只卖了三十万册，2002 年出版的《毒》已经跌到了十万册。他回归到默默无闻的状态，决定放弃写作，发誓要拿个赛车冠军。

看汽车杂志，他就能明白技术要领。他谦虚好学，只要觉得谁开得好，他就会向人家请教，还会找机会坐到那人的车上，看人家是怎么开的。

韩寒是个喜欢偷偷用功的人，当他向他的车友们展示新作《就这样飘来飘去》时，很多人都吓了一跳，可看后又发现，书中全是他们亲身经历过的事情。

他的朋友组建了一支车队，把他也拉了进去，以为这样拉赞助就会容易一些。朋友当时没钱，韩寒还破例跟别人借钱资助他办车队。在车队里，参赛用车都得自己买。买车、训练加上其他费用花掉了韩寒所有的稿费，当然，

韩寒语录

“名气就仿佛后脑勺的头发，本人是看不见的，旁人却一目了然。”

韩寒也能在一些比赛中获得名次。

追梦之痛

2004年，韩寒加入了云南红歌车队，成为队里的“四号车手”。赛车圈内等级制度比较严格，赛车手们会被分成三六九等。前三号车手是用来为车队争取积分的，而四号车手只是用来宣传的，整个团队没有人希望韩寒在比赛中取得好成绩。

那年，因为考虑知名度，车队决定四号车手的位置由林志颖代替。他们对韩寒说，要想继续留在车队，就必须得拉赞助，一场要拉十万。

那段时间，韩寒收到的唯一赞助就是小卖部赠送的一箱矿泉水，以及米其林送的几条轮胎。为了表示对米其林的谢意，韩寒曾将车周身贴满米其林的Logo，米其林却勒令他全都撕下来，因为那时韩寒成绩不够好，米其林是大厂商，根本就看不上他。

韩寒的《长安乱》正是在这个时候出版的，并成为2014年最畅销的文学作品，卖了五十几万本，韩寒拿到了一百多万元的版税。

后来，韩寒联系了上海大众333车队。这是一个连续五年拿冠军的车队，他们队刚好需要一个本地车手，于是韩寒就去了上海大众车队。车队给了他一辆很好的赛车——大众POLO，身份是“三号车手”，之所以选他是因为他有名，可以给赞助商带来曝光率。

在新车队里，刚开始的日子并不好过。加入车队第一年，参加汽车拉力锦标赛那天是他生日，他领先队友十几秒，毫无疑问会成为冠军，可车队考虑到整个车队的总积分，还有赞助商的影响，便要求他让车。所以，韩寒在接近终点时猛踩刹车不冲终点，只拿到第四名。

韩寒语录

“在上学的时候，喜欢踢球。有人讽刺我说再踢也踢不到国家队，踢再好也好不过罗纳尔多，踢了有什么意思。不许踢了。那么，如果你自己喜欢开车，我对你说，你再开也开不到麦克拉伦车队去，开再快也快不过舒马赫，开了有什么意思，驾照没收了。”

那场比赛之后，韩寒哭得很厉害。

早在韩寒退学的时候，赵长天就跟他谈过："人是需要妥协的，你现在不妥协，将来也是要妥协的。"为了追逐赛车梦，韩寒确实妥协了，他开始变得"顾大局、识大体"，为车队拉赞助，跟官员、老板们应酬。

终于，在2007年，333车队的韩寒以46分领先队友王睿1分的微弱优势摘取了那个赛季的车手年度总冠军，走上了职业赛车手的道路。

曾经有读者问韩寒，他笔下塑造的最成功的人物是谁，韩寒说是他自己。仔细回味，这样的回答既巧妙又意味深长。作为一名作家，如果不能让自己的人生足够精彩，又怎么去创造优秀的文学作品呢？文学作品是作家思想的产物，代表着创作者的灵魂，塑造自己就是在塑造作品。韩寒一直在追寻着自己的梦想，过着自己想要的生活，这本身就是一个人塑造自己的最佳方式。

勇敢率真，不浪掷青春

少年作家、高中辍学、赛车手……这些标签在传统的中国人，尤其是中国家长的看来，与“离经叛道”是同义词。在文学界，对韩寒轻视甚至蔑视的人也一直存在，他们不愿意承认他的年轻和才华，不愿看到他如此轻易就成为中国文坛一颗闪耀的新星而自己为此付出那么多艰辛却没能换来这位少年拥有的成就。

韩寒是幸运的，他有写作的天赋，能写出受人欢迎的作品；他也是不幸的，因为自己这份他人求之不得的天赋使他遭受很多非议，也将经历很多困难。

通稿风波

2003 年，“非典”爆发，社会气氛极为紧张，人们为了不被传染上疾病，都尽量避免到公共场所。这期间，韩寒只能待在自己在上海的家中。在家无事可做的韩寒打破当初“专心赛车，一两年之内不再出书”的计划，又开始创作。

沉闷的气氛很适合思考，韩寒开始思考中国教育，继而写出《教师的问题》《学校的问题》《专家的问题》等杂文，并在 2003 年 9 月份将其结集出版。虽然这本《通稿 2003》中的一些观点确实有些偏激，但是韩寒以其犀利的笔触针砭时弊，反映的各种教育问题也相当真实而深刻。这本书就像一颗炮弹，刚刚触碰到教育界的水面，就激起层层浪花。整个教育界甚至整个社会都将韩寒推向了舆论的顶峰。

山东一位物理老师丁勤政写了一本《通稿 2004》，对几乎所有韩寒的观点进行了反驳，虽然一些观点说得有些道理，但是他这些观点所对应的韩寒的观点也并不是毫无道理的。但是，这位物理老师所采用的反驳方式往往是偷换概念、转移话题甚至恶意曲解，整本书不免有些“阶级斗争”的色彩。

像丁勤政这样反驳韩寒观点的大有人在，但韩寒所提出的观点反映了我国教育事业中存在的一些问题，虽然没能解决这些问题，却好像在黑屋子里打开了一扇天窗，让社会听到了另一种声音。

韩白之争

2006年，韩寒在家浏览博客时发现了文学评论家白烨的博文。白烨有一篇博文引起了韩寒极度的不满与反感。这是一篇评论“80”后文学的文章，题为《“80后”现状与未来》。这篇文章相当不认可“80”后作者的写作成绩，表示“80”后写作远不能称得上是文学创作，“80”后写作者们都仅仅是文学爱好者或者文学票友而已，他们的作品根本不能进文坛。韩寒立即写文章进行反驳，言辞犀利、文笔老辣，反驳白烨文章之余，还阐述了自己对文学的诸多看法。文章一经发表，点击率直线上升。韩寒和白烨的争论引来包括业内人士在内的大量网民关注并持续发酵。

白烨在后来回应的博文中便狠抓韩寒的措辞，认为韩寒已经涉嫌对自己进行人格侮辱和人身攻击，并认为“80”后作者群体素质低下。两小时后，韩寒发表了博文《有些人，话糙理不糙；有些人，话不糙人糙》回应白烨的观点。

2006年3月5日，白烨宣布关闭博客，转而在报纸等媒体上就这件事发表看法，甚至从道德层面批评韩寒。而韩寒也随后在博客里连续发表文章，揭露白烨自我策划、收人钱财等学术腐败的《辞旧迎新》（上）、（中）、（下）三篇文章。事件的焦点转向“文学批评的操守”。

在韩寒参加全国汽车场地锦标赛揭幕战期间，一些作家学者也对此事发表了看法。文学评论家解玺璋表示：“如果我是韩寒的家长，我绝对大嘴巴扇他，有人养没人教。”作家王晓玉说：“怎么像‘文化大革命’时候的红小兵？这种做法非常恶劣！白烨不过批评你韩寒文章写得不怎么样，你就这样恶狠狠地搜罗证据，一二三四列出来，我们从‘文革’时候就是这样的，不允许别人说话，当时整死了很多人。”作家陆天明在接受媒体参访时则认为：“也难怪，韩寒才十七八岁嘛，没读过多少书，只知道学校里那点事。”

此外，也有一些学者支持韩寒的观点。作家古清生撰文写了《从韩寒白烨之争到叩问白烨身份》：“韩寒与白烨之争，引发公众另一方面的思考，即像白烨这样把握着重要批评资源的教职、公职学者，长期以来又从事着书商的策划和推广活动，这是不是一种灾难性的学术腐败？白烨利用手中的公共资源，为自己策划的图书不惜余力地推广，这种明显的不公正竞争行为是不是给大多数作家带来了伤害？是不是给中国文学事业造成极端萧条的恶果之一？”

其后，韩寒发表了博文《对世界说，什么是光明和磊落》及《文学群殴学术造假大结局，主要代表讲话》，针对白烨学术与批评自己的观点做出了回应，事件似乎将以此收尾。

可陆天明的儿子导演陆川撰写《关于那场评论》一文回应此事件，对父亲的行为表示赞扬，最后一句便是“我绝不会让红卫兵的铜头皮带，再一次抽到我父亲的脸上。试图这么做的人，我一定会让他们付出血的代价。”韩寒在反驳之余，也对陆天明、陆川父子的以往作为表示肯定。

高晓松支持自己的朋友陆川，表示要起诉韩寒在《三重门》中未经授权引用其《青春无悔》的歌词，但从法律角度看，在《三重门》中韩寒已经表明了该歌词的作者为高晓松，所以不构成侵权，高晓松也因此放弃诉讼。

3 月 26 日，高晓松宣布结束争论，关闭自己的博客。3 月 27 日，陆川的博客也关闭。起于网络的“文坛”之争，历时 1 个月后，以多位当事人关闭博客走向了尾声。

玩转乐坛

世界上最大的唱片公司环球唱片旗下的天韵文化公司曾多次找韩寒谈出唱片

的事情，经过长期的软磨硬泡，韩寒被他们的诚意所打动，就抱着玩玩的心态同意了，想着自己写写歌词也挺不错，还可以在车里听自己写的歌。

韩寒小的时候就对音乐产生了兴趣。他跟很多音乐人不同，他更重歌词，觉得词的重要性占百分之五十，曲子和编曲占另一半。他喜欢的多是老一代的歌手，比如齐秦、周华健、张国荣。他在电影《后会无期》中选择了由万晓利翻唱的《女儿情》。《女儿情》这首老歌的歌词很美，很适合渲染电影中男女离别时的气氛。也正是因为他钟爱老歌，我们才能在若干年后的今天在韩寒的电影中重温这首老歌的魅力。

韩寒戏称自己对于音乐的追求，就是没有追求，不像很多音乐人视音乐如生命，他只是玩玩而已。韩寒甚至不识五线谱，往往是唱片公司给他演奏二三十首曲子，他觉得哪首不错就选了填词。韩寒曾将音乐跟赛车相比，认为不懂五线谱并不重要，正如曾夺得赛车全国冠军的他也不知道发动机引擎怎么工作一样。

2006 年 5 月 23 日，韩寒个人单曲《私奔》发行。

2006 年 9 月 28 日，韩寒首张个人专辑《寒·十八禁》在上海发行。在过去这一年中，韩寒与唱片公司多次沟通，选歌、填词、录音、拍摄，往返于上海与北京，力邀国内最顶尖的制作人、乐手、摄影师，多方面最大限度地配合协调，MV 拍摄经历了春寒、夏炎、秋凉，终于问世。

除了翻唱的歌曲《我》和《追梦人》之外，《寒·十八禁》里其余歌曲的歌词均出自韩寒手笔。韩寒创作的歌词延续了他的文风，尝试的曲风也很宽泛，从慢版民谣到轻摇滚都有。

有人对韩寒说，他发专辑是被别人利用。韩寒则表示："人生就是一场利用与被利用，你能保证自己没被人利用吗？就算被人利用了，我在这个过程中很开心，那是花钱都买不来的。"

做自己喜欢的事一直是韩寒的生活态度，这种态度在这个复杂的社会中显得那么单纯、宝贵。

徐浪之殇

2008年，徐浪在俄罗斯意外身亡，他是韩寒在赛车圈里最好的朋友，韩寒的很多车技都是从徐浪那里学到的。韩寒战胜了队里的其他队友，唯独没有和徐浪一起比过，也再不会有这样的机会了。

在徐浪的葬礼上，一向豁达爽朗、坚强不服输的韩寒竟然当场大哭，这是永远的道别。从这时开始，韩寒被生命意识唤醒，他思考生命的价值，也学会了关心他人。

也是从这个时候起，韩寒开始写文章讨论三聚氰胺、公路换牌等公共事件，把锋利的笔尖对准那些让人们活得不那么幸福的社会现实，甚至还为那些十年前批判自己的人说话。

他开始由个人文艺走向大众文艺，不再拘泥于享受个人的精神快乐，而是关注别人的作品。

创办杂志

2009年5月，韩寒在自己的博客上以千字1000~2000元的稿酬标准推出征稿启事，他要做一本青年知识分子杂志，想影响更多年轻人，用他的原话讲，“是一本能够改善作者生活、给年轻人以安全感的文学杂志”。

其实，韩寒很久之前就有了办杂志的想法，只是一直因为赛车而将其搁置。同样是畅销书青年作家的郭敬明办了一本杂志，卖得很不错。有人找到韩寒也想办一份杂志，韩寒推辞了，因为不想被说成是跟风，多一事不如少一事。

可到后来有人跟他打赌，说他办杂志销量肯定过不了十万，没人看。一听这个，这个傲气的青年便急了，决心要办一份好杂志。

杂志的起步阶段并不是一帆风顺的，出版日期一拖再拖，直到2010年7月6日才正式发行，刊名为《独唱团》，定价16元，首印32万册。杂志接受稿件的标准只有一个：具备人文气质和情怀。

韩寒认为，没有独立的人格就没有独立文格。而中国供稿者的稿费太低，这也是中国产生大量文化垃圾的原因，因此他给出高于一般杂志稿费标准数十倍的稿费，希望能真正求得好文章，把杂志办成功。

第一期《独唱团》卖了一百多万册，跃居2010年7月8日卓越网和当当网图书商品销量第一名。然而由于各种原因，第二期已经印好的《独唱团》被勒令禁止出版发行。韩寒不愿以这样的结果面对关心这本杂志的人，但最终他还是通过博客证实了这一消息。

2010年12月26日晚12点，《独唱团》主编马一木在新浪微博正式宣布，《独唱团》第二期中止，团队解散。他说："岁月长，衣衫薄，同学们，就此别过，我爱你们。"此外，他向支持《独唱团》的作者和读者表示深深的歉意。

推出《一个》

2012年6月，韩寒与腾讯网深度合作的第一个产品——APP阅读应用"ONE·一个"正式上线，该产品类似于电子杂志，每天向读者推出一篇文章、一张图、一句话、一个问题。

"ONE·一个"是由韩寒担任主编，《独唱团》原班人马参与制作，其宗旨就是希望读者在复杂的世界里，可以静下心来，放慢速度，每天纵深地去阅读一个报道、一个评论、一个文艺，帮助读者找到他们想问的人，想要的答案。

打开"ONE·一个"，你便能看到两行由韩寒亲笔写的字——"复杂世界里，一个就够了"。正如韩寒对"ONE·一个"的解读："对待不停涌现的热点，我们不强调速度，而强调有趣的视角；对待海量资讯，我们不强调数量，而强调文章的质地；对待纷繁万象，我们不强调浅尝辄止，而强调慢速的纵深的阅读。"如果你仔细阅读"ONE·一个"，你会在文字深处找到《独唱团》的灵魂。

韩寒语录

"潮流是只能等不能追的，这和在火车站等候火车是一个道理，乖乖留在站上，总会有车来，至于刚开走的车，我们泛泛之辈是追不上的。"

“ONE · 一个”上线不到24小时，就超过众多热门游戏与应用，成为App Store中国区免费总榜第一名。一年后，它有了几百万用户。作为一个文艺阅读APP，它甚至还拉到了很多名牌的广告。如今，“ONE · 一个”的纸质书系出版了，《很高兴见到你》《去你家玩好吗》《想得美》《不散的宴席》等图书在市场上销量很好。

韩寒曾经难过地坐在中止发行的《独唱团》中，他没有一蹶不振，而是缓缓站起身来，因为他觉得他和所有的创业青年一样，经历失败是在所难免的，失败之后若不站起身来再尝试，那此生虽跟理想有缘，但却无分。

韩寒勇敢率真、敢爱敢恨，因而不浪掷青春，在自己有限的青春里绽放出无限的光彩。

平凡是美好生活的本质

如今的韩寒留起了一圈稀疏的胡须，已然没有了青年时代的清秀，那个身穿比赛服、眼眸深邃的少年已离我们而去。我们不难在他身上读出一丝成熟、一丝沧桑。

火力全开

韩寒改变了很多，他完成了从傲气张扬的少年到成熟稳重的青年人的转变。这时韩寒又多了一个身份——电影导演。

在电影《后会无期》的片场，韩寒一改平日里“拖延症严重”“没有时间观念”的作风，跟奥特曼变身一样，切换成战斗模式，整个片场 200 多位工作人员被他领导得井井有条。

莫言曾这样评价韩寒：“我们过去老觉得他是另类，实际上他是当今青年的代表，很多人都把他当作榜样。我们将来的国家领导会出现在这群人里。开玩笑说，再过 10 年、20 年，韩寒应该竞选上海市市长。”果然，韩寒的领导才能已经显露。

很多人都对韩寒做电影导演表示质疑，他们对他这样一个没上过大学、非科班出身的新手极为不信任。韩寒回应道：“在练赛车之前，我遭受的是不解和嘲笑，但我现在是 7 届全国总冠军；在学游泳之前，我得到的是支持与吹

捧，但我如今依然游不好。新人和老人，外行与内行，跨界和不跨界，这都不是最关键的。关键在于，你做得好与不好，专业与不专业。”韩寒正是以这样自信的态度笑对所有抱着看笑话想法的人们，然后以热情的姿态投入电影作品的创作。

在片场，每一个镜头韩寒都亲力亲为，不让副导演或者摄影师帮忙，他投入了相当多的精力，力求获得最完美的效果。他是个很有活力的人，甚至连女演员的戏都要亲自示范。他指导演员时会细化到一个眼神、一个表情，连演员抬手的高度、时间，都有明确的要求。这样的严谨与“苛刻”，使韩寒赢得了片场工作人员的信任和尊敬，他也以自己的方式将欢乐带给大家。

领袖气质

博纳影业总裁于冬表示，很少有年轻导演具有如此强烈的个人风格，韩寒让他想起了姜文。姜文是一个很“独裁”的人，但是电影领域正是因为有这样有个性的导演，电影作品才能避免落入窠臼。韩寒并不“独裁”，他很讲民主，如果谁有好的想法并能说服他，那么他一定会支持。

曾经有老前辈提醒韩寒，做导演应该在剧组摆足架子，这样才能震慑全场，否则剧组几百号人还真难买你的账。可是，从电影开拍到结束，韩寒没有骂过任何人，甚至都没有大声说过话。如果演员的表现不够完美，他并不是请助手将演员喊到自己跟前，或者扯着嗓门点名，而是自己走到演员身边，悄悄地跟演员交流。他的做法极大程度地维护了演员的尊严，因此片场气氛很轻松，很少会闹什么矛盾或出什么岔子。大家一天到晚都是融洽地拍电影，工作关系十分和谐。

正如韩寒所说：“我几乎从不对任何人呼来喝去，因为这根本无法服人。人要通过很多的努力让自己变得更厉害。比起那些企图通过大嗓门压制世界的人，让全世界都安静下来听自己小声说话的人，才更加可畏。”韩寒就是这样一个人，他的杂文虽然犀利，但是当你坐在他的面前时，你就能真切地感觉到他温和的气质，一种专属于文人的气质。

问《后会无期》的工作人员，导演韩寒给他们什么样的感觉，所有演员的答案几乎是一致的。他们觉得他特别淡定，特别有经验且能给他们安全感。过来客串的知名导演贾樟柯也给了韩寒满分好评，他说韩寒完全不像第一次拍电影，韩寒对现场的指挥若定，对突发情况的处理得当，让身为老前辈的他都感到意外。

冷寂思考

韩寒有很多朋友，曾经在他与白烨的斗争中与他为敌的陆川、高晓松现在都成了他的朋友。但是在“代笔门”事件发生时，曾经力挺他的朋友也有加入对他口诛笔伐的行列的。2012 年 1 月 15 日，知名博主麦田发博文《人造韩寒：一场关于“公民”的闹剧》，质疑韩寒的作品是他人代笔，掀起轩然大波。随后方舟子加入论战。1 月 18 日，麦田发表道歉微博，认为自己对韩寒的质疑证据不足，并随后删除了所有微博。然而方舟子并没有放弃，最后韩寒不得不寻求法律手段维护自身权益。

“代笔门”对韩寒造成了很大影响。韩寒不得不开始冷静地思考自己的人生轨迹，他逐渐在公众面前沉寂，很少就公共事件发言。直到他的身份完成由“意见领袖”到“国民岳父”的转变，他不再犀利，而是时而自黑，时而秀女儿小野的照片，然后平和地跟粉丝交流，让人感觉他就像在自己身边一般亲切。

最终在长时间的冷静中，他逐渐找到了自己的方向——平凡之路。

寻找平凡

担任导演期间，韩寒并未放弃对时事的关注，他依然是那个忧国忧民的写作者，只是在一件事情发生后，他不再像从前那样提笔便写网络檄文来征讨事件的始作俑者，他会和自己的朋友们交流两句，提出自己的看法和感慨，然后继续投身于电影拍摄当中。他开始追求平凡之路，并且觉得很多文章写出来其实意义并不大。

韩寒的好友马一木认为：“韩寒其实在随着整个中国成长。而到了眼下，这个社会不再需要他做言论上的所谓‘旗手’，社会更需要一个个做具体事情的普通青年。”韩寒正是以一种务实的态度走下所谓“公知”的神坛，将曾经目空一切的“韩少”头衔抛弃在路上，以平凡的身份更加成熟有力地战斗下去。

小时候，韩寒经常被老师叫到讲台边上读自己的作文，可是他每每看到下面同学东倒西歪、自娱自乐的场景就感觉心寒，他觉得那都是自己的错，是自己的文章写得不够精彩。这些年来，他一直以一种倨傲的姿态创作杂文，但现在的韩寒，他想以一个平凡人的身份，安安静静地拍一场电影，完成这部出自平凡人之手的不平凡的作品。

不负本心

当电影导演是韩寒的梦想，小时候他就幻想着自己能成为科学家、冠军赛车手和作家，所以拍电影只是他以一个平凡人的身份捍卫的梦想。他为自己这个梦想已经准备了很多年。《后会无期》这场公路电影场景变化莫测，观众们足不出座便能领略祖国的大好河山，在这背后是拍摄取景经历 1 万多公里长路、跨越大半个中国的努力。而韩寒早在四五年前就默默开始留意这些取景地了，为电影的拍摄打下了很好的基础。

电影中，江河最终写成了一本《旅行者》，书被翻拍成电视剧，收视率甚至超过了《继承者们》，并且带动了整个东极岛的旅游事业，而马浩汉自从与江河分道扬镳后便杳无音信……

我坐在电影院里，听着观众们埋怨电影为什么不交代马浩汉最终的情况，也在想同样的问题，又觉得不仅仅是像小说一样结尾给读者留出思考空间那么简单。马浩汉从一个目空一切的青年，最终变得平凡到电影都没提及他的下落，这是韩寒刻意为之，马浩汉便是银幕上的韩寒，他最终走的那条路，便是韩寒正在行走的平凡之路。

韩寒刚开始拍电影的时候，就有很多广告商纷至沓来，不管是合适的还是不合适的，都希望能在电影中植入，但韩寒通通礼貌而温和地拒绝了。他说："就是不想给人一种印象，说我们在开拍前就已经收回成本。"他希望通过自己的努力，为观众打造一场银幕盛宴，也给自己多年的梦想一个交代，这是一条追梦的路程，不是敛财，也不是吸金，只为不负本心。

平凡之路

韩寒语录

“我成为现象，思想品德不及格，总比没思想好。”

韩寒拍电影的原则很简单——保持他想表达的那一份纯粹，他可以做宣传等各类工作，无论多累都在所不惜，但是他绝不出卖自己的作品。他把自己变得更加商业化，是因为他坚持“标准是硬道理”的原则。一部电影只有各方面做得足够完美，才能够不受其他因素的牵制，自由地表达电影所要呈献给观众的那些真真切切的东西，如果被很多商业化的东西所羁绊，就会失去原来的味道。被要求加戏、删情节、换演员、植广告，都是让人很无奈的事情。

韩寒的电影因此保持着他想维护的那种纯粹的感觉，相比他的文字，他的电影风格平淡很多，不再刀枪舌剑、剑拔弩张。不过，电影中总有一些遗憾出乎意料，例如一路上播放的电台，有一个听众打电话给电台主持人倾诉自己的孤独，他想养一条狗，可却养了四只猫，因为狗需要人陪伴，但他没空陪它；可后来这个人又打电话给主持人，说自己把四只猫送给了朋友，领养了一条狗，主持人夸这是他做的一小步，也是人生迈出的一大步，这人便问主持人，我还可以再迈一步吗，主持人说可以，这人说“可我现在在天台上”。

“天台”一词让此处的悲情色彩瞬间变成了笑点，此处韩寒想表达的城市青年孤独的处境也随之被抹杀。因为这个词，电影这个桥段的意义被很多人歪曲，这是韩寒感觉比较遗憾的地方。

凡事没有十全十美，就像他正在行走的这条路，正是因为有遗憾，所以被称之为平凡。这个青年男子真的不是我们所认识的那个年少轻狂的韩寒了，他身上成熟的气息，以及背后迷离的风景，让我们感受到平凡之路的存在。

邓紫棋演唱的主题曲《后会无期》就像一曲哼出来的故事，故事的主角是一个 33 岁的青年男子，男子的心境与这首歌的旋律很契合——在每个繁星抛弃银河的夜里，我会告别，告别我自己。就是这样的想法，那男子会告别过去，跟着自己的本心，走上那条属于他的平凡之路。这一路无怨无悔，与曾经后会无期。

有个姑娘说，她十四岁时对世界懵懂，只想找两种人谈恋爱，要么锋芒如韩寒，要么忧郁如朴树。如今可好，朴树的忧郁平淡了韩寒的锋芒，韩寒的锋芒激昂了朴树的忧郁。现在我们所看到的韩寒，终于找到了方向——能活得平凡，便是最好的人生。

韩寒语录

“一个十八岁以上的成年人，居然还不知道自己以后的理想是什么，自己喜欢的是什么，那真是教育的失败。”

从坚硬到柔软

“枪手”事件

2007年6月，韩寒的小说《光荣日》还在工厂里夜以继日地印刷，一条关于韩寒使用枪手的报道被炒得沸沸扬扬。

某网友在论坛发稿称，近几年韩寒的书不再是由他本人所写，而是一位名叫“马日拉”的“枪手”所撰。以往网络上对韩寒的评价相当多，各式各样的都有，不乏造谣者四处散播谣言，但是因为这些人主要混迹于一些小的论坛，所以影响都不大。可这个关于“马日拉”的帖子却被某记者以“网友爆料”的名义发作新闻，很多网站纷纷转载，一时间大量网友开始关注这件事，人们开始七嘴八舌地议论。

韩寒在微博上提及此事，表示此事十分荒诞、纯属造谣。但这件事并没有因此结束，“畅销书作家韩寒的书由枪手所著”这一噱头就像埃博拉病毒一样迅速蔓延，成了炙手可热的话题。韩寒发文澄清之后，反而有更多的网站对这件事进行报道，这些报道成了头条，而韩寒的澄清却一直被冷落着。

造谣者非但没有收敛，反而火力全开继续编造所谓的“内幕”，公然挑衅韩寒。更糟糕的是，不少媒体认为“枪手事件”是韩寒在新书上市前夕一手策划的炒作方式。面对自己辛辛苦苦创作出来的作品被如此诽谤，韩寒与朋友们商议之后，决定揪出造谣者，还自己清白。

后来，他们开始利用一些技术手段寻找造谣者，并在月底成功获取造谣者的信息——江西某高校一名在校学生。韩寒在微博上公布了这名学生的照片与信息，表示将采取法律手段维护自己的名誉权。

很快，有网友指认这名学生。该学生的身份完全暴露后，也不再像之前那样张牙舞爪地编造谎言了，并且诚挚地致信韩寒表示道歉。事已至此，韩寒也不再追究这位造谣者的法律责任，这件事也就此作罢。

这是韩寒第一次公开处理外界质疑的代笔事件。

“人造”韩寒

“人造”韩寒之争曾一度盘踞2012年年初的头条，这场不见硝烟的口水战持续时间相当之久。个中细节与曲折，不必多说。

韩寒、方舟子之战以一场官司告终。但韩寒在这次“口水战”中受到的打击是极大的，他父亲也一度为这件事而身心憔悴，官司无论输赢，他们都承担着极大的损失。

“公知”韩寒不得不从“偶像”的神坛上走下来，开始静默地思考自己的人生，网络上再也见不到他四处口诛笔伐的踪迹。

其实，每个人都有权质疑别人，也有可能遭受别人的质疑，即使是韩寒也没有特权。韩寒的很多粉丝在挺韩寒的时候确实过火了，有人戏称韩寒的粉丝里有比他还会骂人的。支持偶像是好事，但也得尊重偶像的成长，没有人不经受波折，拒绝波折也会影响成长。正如有句话说的：“我不同意你的观点，但捍卫你说话的权利。”

看见成长

2014年8月19日，《中国青年报·文化周刊》刊载了清华大学哲学系教授、博士生导师肖鹰撰写的评论《“天才韩寒”是当代文坛最大丑闻》，引起轩然大波，并评价《后会无期》是一部十足的烂片，一部名不副实、逻辑混乱、没有诚意的电影，且男主角江河美梦成真的结局表明，以叛逆为标签、以迷惘为情调的“韩寒青春情怀”，骨子里是一个觊觎名利的梦。

肖教授还在文章中指出，这个桥段是1991年的美国经典公路片《末路狂花》的一个雷同桥段的翻版，在这部美国电影中，是一男骗两女的情节。

即便电影情节存在巧合也是正常现象。在20号的《中国青年报》上，储殷便指出肖鹰这样的批判确实过激，像张艺谋的《英雄》模仿了黑泽明的《乱》，《满城尽带黄金甲》山寨了曹禺的《雷雨》，近几年来最成功的模仿其实是《疯狂的石头》对《两杆大烟枪》的山寨。只要不是大规模、性质恶劣的模仿，就不应该被如此批评。况且《后会无期》的受众是青少年群体，他们当中看过《末路狂花》的毕竟是少数，甚至微乎其微，而《后会无期》这样的电影本身，就是为青少年群体量身定制的一部影片，如果用极专业的眼光对其进行批评，那就太苛刻了。

中国教育确实存在许多不完善的地方，韩寒大胆地以犀利的语言将其指出，本身就是一种突破，总好过那些不痛不痒的议论。从某种程度上说，韩寒对中国教育是有贡献的，尽管语言犀利，但是，他在成长，后来的他也在不断改变自己的观念。

批评韩寒的时候，也请看一看他的成长。这个青年在不断成长和改变，他否定了自己曾经的不少观点，也对被自己调侃的一些学者道过歉，正如接受他道歉的赵丽华所说：“我觉得韩寒长大了。他愿意带上他的粉丝一起成长。他认识到的事情，他希望他的粉丝们也能够认识到或者尽量认识到。这是他写这篇博客（韩寒道歉的博文）的目的。我们很多活了半辈子的人，也未必能够做到这一点。韩寒这样认真说一下，也是有责任意识的表现，那就是想让他的亿万粉丝们能有或者尽量有他的这份认知，以及自我纠正的态度。”

曾经一路舌战的韩寒一直在成长，在肖鹰

韩寒语录

“痛恨一个人四年比喜欢一个人四年更加厉害。喜欢只是一种惰性，痛恨却需要不断地鞭策自己才行。”

教授刊发如此犀利的文章之后，韩寒没有激烈地回应，而是以一种柔软的方式回应这件事。他在马达加斯加的微博上委婉地发了一条微博：“我会努力多吃努力奔跑，等我变得强大，坐在他们面前时，他们直接就跪了。”

当初坚硬、在嘴皮上不肯输的韩寒，终于学会了以柔软的方式通达别人内心，这条从坚硬到柔软的路，我们不能视而不见，而且我们也要跟他一起成长、一起飞。

郭敬明

—— 天真岁月不忍欺 ——

“凡世的喧嚣和明亮，世俗的快乐和幸福，如同清亮的溪涧，在风里，在我眼前，汩汩而过，温暖如同泉水一样涌出来，我没有奢望，我只要你快乐，不要哀伤……”

王勤 / 摄

1983年6月6日，出生于四川省自贡市。

2001年，郭敬明前往上海参加决赛，以《假如明天没有太阳》一文获得第三届全国新概念作文大赛一等奖。

2002年，参加第四届全国新概念作文大赛，以《我们最后的校园民谣》一文获得一等奖。同年，他的第一部个人散文集、短篇作品集《爱与痛的边缘》开始在市场上发行。高考结束后，

1998年，进入自贡市富顺县第二中学读书。升入高中后，依然坚持写作，每隔一段时间都会向杂志社和文学网站投稿。在文学网站“榕树下”上，郭敬明用网名“第四维”发表了许多作品。第一篇稿子《剧本》通过了第三届新概念作文大赛初赛。

2015年7月9日，《小时代4：灵魂尽头》上映。

2013至2014年，先后出版“十年心路历程投影三卷散文集”《愿风裁尘》《守岁白驹》《怀石逾沙》。

2012年11月9日，郭敬明担任电影《小时代》的编剧与导演。电影《小时代》将分两集公映，分别定名为《小时代》《小时代·青木时代》。影片拍摄历时79天，在此期间，郭敬明先后发布了相关人物海报、拍摄花絮及电影预告片。在影片上映前期，片方还发布了6首相关主题曲，邀请了苏打绿、郁可唯、魏晨等歌手分别担任各曲目的主唱，郭敬明还为歌曲作词。

2013年6月27日，《小时代》上映首日，排片率便达到了43.31%，收获7300万元人民币的票房，刷新2D国产片最高首日票房纪录。11月，郭敬明与其他合作商确定电影《小时代3：刺金时代》正式开拍，于12月在罗马开机。

2014年7月17日，郭敬明执导的电影《小时代3：刺金时代》上映。

2011年12月，《小时代3.0 刺金时代》问世，首印200万册，获得2012年图书销量榜单冠军。

他把一万字的《幻城》投给了《萌芽》，《萌芽》10月号刊登了这篇小说。《幻城》成为了郭敬明的第一部中长篇小说。

GUOJINGMING

郭敬明

大事年表

2003年1月，改编完成的小说《幻城》正式出版，在文艺社科类图书销售排行榜中跻身前三名。之后，郭敬明又相继出版了《左手倒影，右手年华》和《梦里花落知多少》两部作品。

2004年，成立“岛”工作室，开始主编《岛》系列杂志。初期，“岛”工作室由郭敬明、hansey、痕痕、阿亮和清和5位成员组成，郭敬明因此将杂志英文名定为“i5land”。至2007年，“岛”工作室前后出版了《岛·柢步》、《岛·陆眼》、《岛·锦年》、《岛·普瑞尔》、《岛·埃泽尔》、《岛·泽塔》、《岛·瑞雷克》、《岛·天王海王》、《岛·庞贝》、《岛·银千特》10本系列杂志。

2005年，郭敬明的校园青春小说《1995—2005夏至未至》正式在市场上发行。

2006年，开始筹备首部音乐小说《迷藏》。同时应陈凯歌之意，改编电影《无极》为小说。

2007年5月，继《夏至未至》之后，出版又一部校园小说《悲伤逆流成河》，一周时间销量突破百万册，三天即进入当月中国图书销量排行前三名。年底，郭敬明加入中国作协，并发行《悲伤逆流成河》的百万黄金版，出版了《岛·庞贝》《N世界》。首部以郭敬明作品改编的偶像剧《梦里花落知多少》也在11月份开播。

2008年9月27日，《小时代1.0 折纸时代》正式出版发售，上市3个月，即在2008年图书销售榜中排名第一。

2009年，《小时代2.0 虚铜时代》发行。

2010年，正式成立“上海最世文化发展有限公司”，担任该文化公司的董事长兼总经理。之前的“上海柯艾文化传播有限公司”成为旗下附属公司，并更名为作家经纪部，兼有漫画部。同年，郭敬明筹备了自己出道十年纪念作品，继《幻城》以来第二本玄幻小说《临界·爵迹》系列。该书上世前，郭敬明在网络上发布了预告片。8月24日，《临界·爵迹Ⅰ》作为该系列作品的第一部首先在全国问世，首印200万册发售。

邻家小明初长成

郭敬明是我国当代著名的青春文学代表人物之一，他的作品《幻城》《左手倒影，右手年华》等曾在中国大江南北掀起“郭敬明热”。他导演的“小时代”系列电影让大众熟知了他的导演新身份。这个“80”后文学青年以各种身份活跃在公众的视野。

快乐童年

郭敬明出生在美丽的自贡。自贡坐落于四川南部，那里有一种原生态的美，2008年时人口才325.58万。在郭敬明之前，这地方最出名的就是恐龙化石和江姐。

郭敬明的父亲郭建伟在自贡的一家国有企业工作，母亲邹慧兰在当地一家银行工作。郭敬明小的时候，妈妈常常给他买一些益智方面的图书，耐心地给他讲解，还不厌其烦地回答儿子提出的各种问题。

郭敬明的父母尊重孩子的兴趣，从不将他们的意愿强加给孩子，让他自由快乐地成长。每次去书店买书，妈妈都会让郭敬明自己挑选。回到家郭敬明就会一头扎进自己喜爱的书中。郭敬明表现欲极强，他会把自己读过的故事绘声绘色地讲给身边的人。

郭敬明在自贡区向阳小学上学，生活节奏与其他小朋友没有差别，都是按正常作息时间上课，然后每天听话地按时交上作业。不同的是，每次读完课外书之后，他就会写一些心得体会和读后感，从小学二年级就开始投稿。因为从小就阅读各式各样的书籍，所以在小学的时候，他的写作水平已经超过了很多同龄人，很多时候老师布置一篇课堂作文后，他两分钟便能进入状态，然后以很快的速度写完。他的作文还常常被老师当作范文。

小学的时候，郭敬明认真对待每一篇老师布置的作文。无论是去看学校旁边公园里举行的花卉展览，还是去烈士陵园扫墓，他都会很认真地写感想。

在郭敬明的童年里，老师、家长一次又一次的褒奖成为他走向文学之路的“盘缠”，源源不断地充实着他的“包袱”，让他感觉到有文学做伴的人生道路是快乐的。

那时候的郭敬明无法看到自己的未来，也不知道自己会踏上文学这条光辉艳丽的红地毯，就像现在的我们一样，在没有推开下一扇门之前，前面的一切都是未知的。

变成铅字

郭敬明除了喜欢看一些报纸杂志，还喜欢阅读名家的小说和散文，金庸、梁羽生、古龙等作家的武侠小说也总是让他爱不释手。郭敬明父母对此从来不干预，他们认为，这是孩子在学习之余的一种放松，既能调节自己，又可增长知识。

郭敬明在另外一个城市寄宿读初中，自理生活的经历使他变得很独立。但是一个人在他乡难免有孤独寂寞的时候，遇到挫折时郭敬明会将感受转换成文字，以此抒发感情，激励自己。

上初二时，郭敬明在少年杂志《人生十六七》上发表了忧郁凄美的处女作《孤独》。不久，他收到了杂志社寄来的样刊和稿费。当

郭敬明语录

“寂寞的人总是会用心地记住他生命中出现过的每一个人，于是我总是意犹未尽地想起你，在每个星光陨落的晚上一遍一遍数我的寂寞。”

他怀着激动的心情把杂志翻到他的文章所在的那一页、指着他的名字给同学们看的时候，同学们眉飞色舞地说：“哈哈，好巧，和你同名同姓呢。”父母知道儿子发表作品后，对儿子赞誉有加。他们认为稿费虽然不多，但是给儿子带来的鼓励远远超过钱的意义，这是儿子写作十年来的第一笔报酬，承载着一个少年对文学梦的执著与追求。

这次文章发表成功的经历使郭敬明的写作热情猛然高涨。他的写作功底扎实，寄出的稿子基本上都能被刊登，这让班上的同学极为羡慕。写稿子挣得的稿费，郭敬明用来给自己买学习用品和喜欢的书籍；在与同学相处方面，他也挺慷慨。他特别珍惜与同学的友谊，因为他是独生子，所以同学是最好的玩伴和交流对象。

上高中之后，虽然学习任务更重了，但郭敬明一点都没懈怠，依旧每天读书写日记，时间也安排得妥妥当当的。他的原则是“学习决不念及写作，写作决不念及学习”，并且他在学习与写作之间找到了一个平衡点。郭敬明的班主任介绍，这孩子很有灵气和自制力。不仅如此，郭敬明的一项发明还在四川省青少年科技创新大赛上获得了一等奖；他的一项调查报告还获得了自贡市生物环境考察报告比赛一等奖。可见郭敬明的才能是全方位的，不单偏向某一方面。

才华初显

新概念作文大赛以其独特的选拔方式得到了社会的广泛关注，特别是韩寒从新概念脱颖而出以后，数以万计的稿子从祖国的四面八方飞奔到上海《萌芽》杂志社。参赛的中学生们长期苦于应试作文的束缚，这次终于有了大胆释放自己文采的机会。每一个在邮筒前投下稿子的少年，或希望能够通过自己的文章敲开大学的大门，或希望能像同龄人韩寒一样活跃在各大报纸的头条。

郭敬明很想拿第一名，他写了七篇文章，买了七本杂志，剪下七张报名表。可以说，从自贡寄往上海的不仅仅是几篇稿子，还是郭敬明那颗渴望被肯定的心。

一个月后，郭敬明收到杂志社邀请他参加决赛的通知书。当时郭敬明的学习任务很重，自贡到上海坐火车也要两天，郭敬明犹豫着要不要去参加比赛。郭敬明的父母知道以后，极力鼓励他去参加，尽管家中经济条件不是很宽裕，但是他们还是将攒下的几千块钱给了儿子，让他坐飞机去参加比赛。郭敬明的父母觉得，这是一个难得的机会，儿子那么爱好写作，这次进了决赛是一次很好的机会。

郭敬明向学校请了假，在没有父母陪同的情况下飞到上海。在上海，他不慌不忙，沉着应战，最终以《假如明天没有太阳》一文获得了大赛一等奖。虽然这个奖没有给自己带来什么物质奖励，但是郭敬明还是为此高兴了很久，当时荟萃国内诸多学者评委的新概念作文大赛已被业内公认为中学生的“茅盾文学奖”，自己能获得这个奖项，也是荣幸之至。

2002 年，郭敬明再次参加新概念作文大赛，并在大赛中脱颖而出，再次获得一等奖。郭敬明的才华正是在这两次比赛中显露出来的，中学生们也开始关注这个出自四川自贡的选手郭敬明。

幻城崛起

2002 年，春风文艺出版社编辑时祥选从沈阳飞到上海，和郭敬明谈新书的合作。此前，郭敬明的一篇散文《我上高二了》被他编进《2001 年中学生最佳散文》。那时，春风文艺出版社希望开拓青春市场，时祥选向几个入选“最佳散文”的中学生发出了约稿邀请。

上高三的郭敬明回复很快：“我现在依然在写文章，也在出书。可能在毕业的时候会有书稿写完，希望我们可以合作。”时祥选回忆：“郭敬明很有心，在信里表达了对春风文艺出版社的喜爱和信任，并认真附上了作文获奖简历。

郭敬明语录

“曾经也有一个笑容出现在我的生命里，可是最后还是如雾般消散，而那个笑容，就成为我心中深深埋藏的一条湍急河流，无法泅渡，那河流的声音，就成为我每日每夜绝望的歌唱。”

他是唯一回复我的作者。”

2002年4月，也就是高考临近的那段日子，学校经常考试，学习上的紧张给郭敬明造成了极大的压力，为了释放自己，寻得一份自由和轻松，他会幻想一些东西来写，以解除心中的烦闷。《幻城》便是在这种情况下产生的。他构思《幻城》仅花了1个小时。一天晚上，他吃完饭后从20：00钟开始动笔，一直写到22：00，仅仅两个小时，便完成了全文，约两万字。写完《幻城》时，他心底涌起一种从未有过的轻松和兴奋。但他没有急于将文章打印出来，而是将它存放起来，然后全身心地投入到紧张的高考复习中。

2002年8月中旬，郭敬明收到上海大学的录取通知书，终于如释重负。8月底，他才想起来4个月前写的那部小说《幻城》，于是便翻出手稿打印，然后给《萌芽》杂志发了电子邮件。没几天，杂志社的编辑就通知郭敬明，该小说拟于2002年第10期推出。更让他意外的是，他的《幻城》在第10期《萌芽》上被安排在头条。《幻城》如同在平静水面丢下的一块大石头，在整个社会引起了巨大反响。在当月所做的民意调查中，《幻城》以672票荣膺最佳文章。网络论坛上年轻读者讨论得非常热烈，有些甚至用夸张的网络语言形容自己“泪洒十四行”。

声名鹊起

时祥选跟郭敬明的第一次见面，是在上海大学附近的一间咖啡馆。大一新生郭敬明从朦胧夜色中走进来，瘦弱稚气，但看上去已经适应了大城市的生活。时祥选表示希望郭敬明与他们合作，由郭敬明将《幻城》这篇短篇小说改为长篇，创作期限为1个月。郭敬明没有拒绝，他认为这其实是对他能力的一种最好检验。让时祥选印象深刻的是，郭敬明特别询问，能否让他找人设计封面，而更多的“80”后作者在把稿子交给编辑后就什

郭敬明语录

“每个人都是一个国王，在自己的世界里纵横跋扈，你不要听我的，但你也不要让我听你的。”

么都不管了。

拿到《幻城》书稿后，春风文艺出版社内部一片哗然，各种意见都有，有些人说郭敬明的名字不像个畅销作家，有些人说《幻城》看不懂、太稚嫩。但春风文艺还是决定在2003年1月全国最大的图书订货会上推出这部作品。订货会上，《幻城》供不应求，这直接促使春风文艺把《幻城》首印数从6万册提高到10万册。

随后《幻城》跻身文艺社科类图书销售排行榜前三名，短短几个月便发行50万册。有的读者买不到这本书，竟然借来手抄，作品扩充后的内容更是好评如潮。一个青年读者评论：“四维（郭敬明）的文字是绝美空灵的，有漂亮幽然的琥珀色，他的笔法是行云流水，有镜花水月的美丽画，他的文章是清丽缥缈的，有感动人心的力量……”还有的读者建议将《幻城》续写、拍成电视剧、出版漫画本等。

与此同时，《幻城》在文学前辈和不少专家中也引起了极大的反响。中国作家协会副主席叶辛说：“《幻城》是一种全新文字样式，值得肯定。”北京大学中文系教授博士生导师曹文轩说，“《幻城》用的是一种高贵、郑重的腔调，绝无半点油腔滑调”“能写出这篇作品的作者，竟然是一个岁数不大的人儿”“读到《幻城》，终于有了一种安慰”。复旦大学中文系教授王宏图说：“《幻城》不失为一部天才之作。”面对众多读者和文学前辈的真情赞许和厚望，郭敬明更是感动万分。

为了表示对郭敬明的重视，春风文艺和郭敬明举行了盛大的“买断”仪式：春风文艺每年出一部分资金作为郭敬明的学业补助；而郭敬明则保证大学四年，每年要给春风文艺出版社长篇首发权，主题风格不限。春风文艺出版社再也没有感觉“郭敬明”这个名字难畅销了。

从柔软到坚硬

创办岛刊

2003年3月27日，郭敬明迎来了在上海大学专门为他举办的“《幻城》作品研讨会”，出席会议的有中国作协副主席叶辛、上海作协副主席赵长天、著名作家葛红兵等。当时郭敬明还不满20岁，为一位名不见经传的大学生举办作品研讨会，实在是相当罕见。2003年11月，郭敬明再接再厉，推出了他的第二部长篇小说《梦里花落知多少》，发行量突破90万册。年少的郭敬明成为一个令人刮目相看、不折不扣的富翁学生和“天才”少年作家。

在与春风文艺出版社当时的副社长常晶的一次谈话中，郭敬明表示自己现在发表作品比较容易，但很多朋友也有好作品，发表起来却很难，因此他想建立一个平台，帮助那些不知名的作者发表作品。

常晶对郭敬明提出的模式很有兴趣，认为这样既可以利用郭敬明的名气招揽更多有才华的作家，也可以利用他的眼光，了解哪些东西符合新一代人的口味，这是一件好事。

2004 年 6 月 6 日，郭敬明的“岛”工作室成立，这天正是郭敬明 21 岁的生日。双方的合作模式是春风文艺出版社出资，负责印刷和发行；而郭敬明的工作室则主要向春风文艺出版社提供杂志的内容，由郭敬明负责组织选题、策划和制作。《岛》杂志计划每年出 12 本，主要面向学生群体，定价 20 元。每本《岛》的名字都是一个岛的名字，象征着读者与作者一起航行，路过这些岛屿。

郭敬明与《岛》主创之一的 Hansey 是在一款名叫《仙境传说》的网络游戏中结识的，当时 Hansey 还在大庆上高三。Hansey 建立了一个文学网站，郭敬明很喜欢，还多次问他愿不愿意帮自己设计图书封面。

Hansey 和郭敬明那时候都很单纯、很热血。郭敬明当时已经有了办工作室的念头，常常和 Hansey 讨论，还建议 hansey 来上海跟他一起干。后来，Hansey 如愿考取上海的一所大学。他一门心思要来上海，就是为了和郭敬明干事业，没有往后多想什么。

Hansey 加入了“岛”工作室，他形容在“岛”的最初日子“像乌托邦一样美好”。郭敬明拉拢了一帮志同道合的朋友，在上海闸北租了一间公寓，同吃同住。

那时，工作室的成员中年龄最大的是 1983 年的郭敬明，但他的角色并不像一个领导者，他也没有领导的架子。有时，他深夜赶稿累了，会挨个儿敲大家的房门问意见；有时，他也会主动张罗叫外卖、组织 K 歌；大家一起出去吃饭，也多是郭敬明付钱。工作室成员之间的关系更像一群好朋友。

由于平日既要上学，又要写作和运作工作室，每天只睡两到三个小时的郭敬明很难坚持学业，他渐渐感到分身乏术，于是想到了退学创业。起初，父母极力反对，但眼看儿子日渐

郭敬明语录

“凡世的喧嚣和明亮，世俗的快乐和幸福，如同清亮的溪涧，在风里，在我眼前，汩汩而过，温暖如同泉水一样涌出来，我没有奢望，我只要你快乐，不要哀伤……”

岛
I5land VOL.01

I5land
陆·眼
岛
郭敬明

I5land
郭敬明 主编
岛

岛
I5land

I5land
岛
郭敬明

I5land
岛 Prayer
郭敬明 主编

I5land
郭敬明 主编
岛

I5land
岛

岛
I5land

郭敬明 主编
I5land
Enchanter
岛

消瘦，为学业为工作心力交瘁，他们最终还是默许了郭敬明的决定。

《岛》系列杂志刚一出版就获得了巨大成功，发行量很快从最初的四五万份飙升到每期二十万份，给合作双方都带来了丰厚的利润。当年，郭敬明被中国《福布斯》选入名人排行榜，位列第 94 名。

离开春风

伴随抄袭一案，“岛”工作室也爆出拖欠稿费等新闻，郭敬明的个人形象大打折扣。现在已经离开春风文艺的时祥选解释：“当年是春风文艺拖欠郭敬明的稿费，一个成年人被欠几十万肯定不干。但郭敬明人算仗义，拖这么久，没吱声，还一直按时交稿。”

郭敬明后来也解释过，并不是自己拖欠团队稿费，是他没拿到钱。在这种情况下，他从没对媒体公开解释过，因为是春风文艺出版社帮他成了名，郭敬明很感激他们。但春风文艺出版社却没有及时给郭敬明结算稿酬。

那时，郭敬明的同伴们都没能感觉到他的低落。面对外界，他不会暴露真实的一面，还是嘻嘻哈哈。但在工作室的一次业务讨论中，他真的崩溃了，同伴们这才感觉到他的压力其实很大。郭敬明也担心，如果自己有一天真不行了，这个团队该怎么办。

郭敬明曾跟周围的朋友开玩笑说：“原来出了那么多本书，小区门口的保安都不认识我；闹出抄袭官司后，每次出门，保安都会问我，‘你官司怎么着了？’”

面对非议，郭敬明不去反抗，也不去诋毁谁，但他至少可以选择离开一些人。当郭敬明放出要离开春风文艺出版社的口风时，很多出版商闻风而动。据传，有个出版商曾扔给郭敬明一张空白支票，表示郭敬明填多少，签约费就是多少。

在诸多“追求者”中，郭敬明带着自己的团队选择了长江文艺出版社。

郭敬明语录

“假如有一天我们不在一起了，也要像在一起一样。”

拥抱长江

长江文艺出版社副总编辑黎波第一次见到郭敬明是在厦门，那天他等了这个晚辈一个小时。他当时就一直在想，这确实是一个“80”后作者，不遵守时间，比较随意。跟郭敬明第二次见面是在湖南长沙，餐后黎波主动买单，郭敬明并没有客气。郭敬明一副少年得志的样子，挺张扬的，似乎把谁都不放在眼里。黎波觉得这很正常，像郭敬明这么年轻就有了财富与名气，他的行为可以理解。

黎波和很多“80”后的作家接触过，一直想开拓青春图书市场，但很多年轻人只想着自己能赚多少，对方能给自己提供什么。可郭敬明不一样，他一直在想着自己能帮对方赚多少，能为对方做什么。黎波非常欣赏地说：“郭敬明明白，要想自己赚钱，得先让对方赚钱。”

郭敬明给了黎波一份规划蓝图——他想做的绝不仅仅是个签约作者，他要长江文艺给他一个杂志平台——《最小说》；一家公司——“柯艾文化”；还要求签下他代理的数位作者的出版合约。那一年，郭敬明 23 岁。

2006 年 8 月，郭敬明正式成立“上海柯艾文化传播有限公司”，并亲自担任该文化公司的董事长，成为“80”后作家中的第一位“老板”。郭敬明表示，新的文化公司并不算是运作两年之久的“岛”工作室的“升级版本”。

长江文艺满足了郭敬明的野心。此后双方配合默契：郭敬明公司包下长江文艺青春文学内容的策划、制作，而他所不擅长的渠道建设、外围经营则全部托付给出版社。黎波评价郭敬明很会扬长避短。

郭敬明拿到了杂志刊号，谋划新杂志《最小说》，并将之前《岛》中数位作者的作品出版，于是有了落落的《尘埃星球》和七堇年的《大地之灯》。两年后，郭敬明正式运作图书，大量签约作家和漫画家。

黎波与郭敬明合作之初，郭敬明正好刚打完官司。黎波说：“打败了，剽窃。我当时从法院把他所有的卷宗都调出来看，找了高法的同学，同学说，你这案子一审二审都完了，翻不了。”黎波觉得是郭敬明请的律师不给力，“我在华艺到现在打过五次著作权的案子，没有一次败的，我明明知道是剽窃的都打胜了。知识产权的官司特别是侵权的，很难打赢，你告剽窃，除非他直接抄你的，你根本就没有办法。”

黎波等人决定用别的方式改变郭敬明的形象。“我们就一步一步给他设计。刚开始给他做《最小说》的主编，社会上有非常多的负面信息，杂志创刊不久很多人还在议论：这里面哪个东西涉嫌剽窃，涉嫌抄袭。因为媒体关系好，我们把这种事都压了下来。”

2007 年，黎波和金丽红请王蒙做郭敬明加入作协的介绍人，借力王蒙，郭敬明加入中国作家协会，并在形式上得到了官方的认可。虽然当时有很多人，包括陆天明、毕淑敏等都认为这是对作协的侮辱。

改变当下

柯艾成立不久，Hansey 便离开了郭敬明。他说，一些事情远没有想象中那么简单，他渐渐摸不清郭敬明的脾气：“我不知道今天他会用哪一面对我，有时会很贴心地跟我聊天，像朋友，有时又会用上下级的语气要求我。我转变不过来。”

例如，Hansey 和一个新来的女性严重不和，经常发生争吵。私下，郭敬明会告诉 Hansey，他支持 Hansey 的想法，但一到双方发生争吵时，郭敬明就沉默不语。Hansey 觉得，郭敬明作为一个管理者是在逃避问题，这点严重伤害了他的自尊心。

显然，在最初，老板郭敬明并没有在管理层面展现他精明的一面。Hansey 说，郭敬明这个老板有些不够强势。当 Hansey 正式提出辞职时，郭敬明一度沉默。对于 Hansey 的离开，外界猜测颇多。很多人说，是郭敬明的膨胀挤走了朋友。

郭敬明语录

“有些人会一直刻在记忆里的，即使忘记了他的声音，忘记了他的笑容，忘记了他的脸，但是每当想起他时的那种感受，是永远都不会改变的。”

Hansey 后来解释说：“当年我要走时，郭敬明想以更高的条件挽留我，但我在外头已经跟人谈好了合作，骑虎难下。我们最终分开的原因是当年大家太年轻。原来‘岛’工作室好像温室，后来成立的公司就像一个社会，把我们一下放到社会中，都不适应。”

黎波告诉记者，“80”后管理者的主要问题是处理不好人际关系。他把一套长江文艺的人事管理制度发给郭敬明，并告诫：“你不能让公司员工都成为你的朋友或崇拜者，你要逐渐形成制度规矩。”

郭敬明一直在想什么样的管理最适合自己。他带的是一个年轻的团队，显然，老套的人事程序会耽误很多事情。他要跳出来，这样效率会更高。所以，他在建立自己的权威，以威信取胜。

后来，Hansey 感叹：“现在想想，当年郭敬明不容易，如今，我们都已经明白商业是怎么一回事，如何捆绑员工和公司的关系。利益问题是最有办法调和的，利益关系最稳固，反而有感情了，就不容易解决了。”

黎波并不担心某一天日益壮大的郭敬明会离开自己。他说：“我把他做成股东，帮他走到珠穆朗玛峰。这关系就像老两口，互相依赖。他知道自己的弱项是不会与人打交道，缺乏组织管理和整合资源的能力。我们擅长这些，我们当然是互补型的。”

郭敬明对未来踌躇满志，他想制作笔记本、文具，还想开连锁书店、控制销售渠道。他甚至预言，未来等安妮宝贝、韩寒写不动了，市场上最畅销的作品，就会出自他的公司。

郭敬明是真的热爱这个行业，爱写小说、制作小说，这是一种天生的热情。每一个成功者都热爱自己的行业。“我的想法要在这个行业里被实现，并或多或少改变当下。”郭敬明如是说。

在与伙伴关系的处理上，郭敬明不再像从前那样茫然，他逐渐与时间切磋，找到了最适宜自己的处世之道。终于，几年之后，曾经离开自己的 Hansey 与落落都回到郭敬明的旗下，因为改变后的郭敬明能让他们轻而易举地找到属于自己的位置和存在感。

郭敬明语录

“有些人会一直刻在记忆里的，即使忘记了他的声音，忘记了他的笑容，忘记了他的脸，但是每当想起他时的那种感受，是永远都不会改变的。”

文学之新

出版人路金波称："郭老师《最小说》这个'发明'非常了不起，改变了一代人的阅读习惯，在中国文学期刊历史上的地位不亚于《收获》。"中国现有传统文学期刊的全部发行量加在一起，才仅仅能抵上郭敬明旗下5本杂志的发行量。郭敬明掌控的出版帝国"最世文化"已有签约作者77人、80多名员工，每年创造两亿码洋、几千万利润。可见，《最小说》的确是一本撼动整个青春文学图书市场甚至整个出版业的杂志。

《最小说》这本杂志无论是内容，还是版式设计，都很受中学生欢迎。很难有青春杂志能与《最小说》匹敌，甚至对郭敬明出道有帮助的《萌芽》杂志也望尘莫及。以《最小说》为载体的"文学之新"新人选拔赛，更是将新概念作文大赛的参赛者高调引流到"最世文化"的腹地。

为进一步挖掘在全国范围内有影响力和号召力的文学新人，在全国范围内选拔最有影响力的写作新星，郭敬明的柯艾文化公司与国内多家媒体合作主办"文学之新"新人选拔赛。比赛于2008年5月正式启动，迄今为止已经圆满开展了三届。

"文学之新"的奖项相当丰厚，除了第一届时开出的10万元预付版税与第二届、第三届开出的50万元预付版税以外，还会有长江文艺出版社金牌出版人金丽红、黎波、郭敬明、安波舜的全力打造，在比赛中脱颖而出的人都有可能借助《最小说》的平台而声名鹊起。

生活写照

《Vista看天下》的喻盈、沈佳音、王潇潇三位记者曾经报道过郭敬明的日常生活[①]：

---

① 喻盈，沈佳音，王潇潇．郭敬明和这个成功学时代[J]. Vista看天下，2013（16）：40-47.

那是位于上海静安区最高尚的地段，三幢老别墅封闭为一个院落，郭敬明的公司与住所连在一起，总面积超过 1000 平方米，都是郭敬明名下物业，市值过亿。

郭敬明房间门口另设一套密码锁，有单独的监控摄像头。据说他在家时从不拉开卧室窗帘，四位清洁阿姨中只有一位专门负责打扫他的房间。

别墅里有图书馆、提款机、为加班的人准备的客房，一个华丽精致的独立世界。屋里的每个装修细节、每件小摆设，都是郭敬明亲自叮嘱助理小叶完成的。小叶是他的“一助”，负责打理郭敬明的众多房产和各种采买。

他的上一个住处，墙面家具一水儿白色，像落入历史断层的超时空。而现在这三幢代表他最新趣味的老房子，色调暗沉，挂满宫廷式油画，悬坠大大小小数十盏法国 Baccarat 水晶灯，最贵那盏挂在他房里，价值八十多万。走廊里随意摆放着欧洲手工雨伞，来自巴黎的气泡水随手可取。

“二助”小青，主理版权事务、商业合作，此前她负责联络活动场地和年会策划。她揣摩郭敬明偏好“有历史底蕴的地方，最好有些故事”，比如公司年会曾订在和平饭店 6 楼，郭敬明选择那家餐厅的原因之一是，宋美龄曾在那里就餐。

他在电影方面的事务，则需要一个专门的助理——“三助”曹帅毕业于北京电影学院。“四助”“五助”则贴身打理他的生活琐事，比如准备每天要喝的燕窝，带上那个装着五颜六色药丸、保养胶囊的小药盒。郭敬明食量极少，有时一天只吃一顿饭。但为维持体力、延缓令他恐惧的衰老，显现常人不及的意志，他会让助理榨一种蔬果汁，混合了西兰花、胡萝卜、胡桃、菠菜等种种物质，别人一口都难以下咽，他能喝掉整杯。

三位记者对郭敬明生活的报道相当真实，为读者和关注他的人揭开了一层神秘的面纱。而郭敬明看似奢华的生活，是通过自己的努力换来的。

柔软坚强

2013 年 11 月 23 日，某网友在微博贴出一张郭敬明从奔驰轿车里走出来的图

片，图中的郭敬明与轿车几乎同等高度。该网友 @ 郭敬明，还问道：“谁能告诉我奔驰 S350 的车身高度是多少？”没想到，“奔驰客户服务中心”竟然做出了回复，称该系列轿车车身高度为 1485 毫米。郭敬明随后淡定地回应：“谢谢奔驰的客户服务。”

其实郭敬明很久之前就对自己的身高问题有过回应，他对待这个问题已经相当淡定了，而且他的回应让很多人都无话可说：“如果你讲的东西很有道理，我还有点心虚，我会偷偷地说：‘妈的，真的被他抓到把柄了。’然后偷偷地改掉。但有些纯粹是无意义的攻击，比如说骂我矮，你说那我能怎么办，对不对？我已经成年，我长不高了，我能怎么样，对不对？难道我要每天纠结、睡不着，不断问自己和苍天：‘我为什么这么矮？’那没必要吧！”

现在给人脱俗之感的郭敬明是一步一步走过来的，从柔软走向坚强。

2003 年，庄羽以《梦里花落知多少》一书在故事情节、人物特征、语言风格等方面抄袭《圈里圈外》为由，将郭敬明、春风文艺出版社及销售商北京图书大厦告上法庭。2004 年 12 月 3 日，北京市第一中级人民法院做出一审判决，认定郭敬明所著《梦里花落知多少》侵犯了庄羽的著作权，判令被告郭敬明、春风文艺出版社立即停止《梦里花落知多少》一书的出版发行，共同赔偿原告庄羽经济损失 20 万元，在《中国青年报》上公开向原告庄羽赔礼道歉，被告北京图书大厦有限责任公司停止销售《梦里花落知多少》一书。2006 年 5 月，北京市高级人民法院做出终审判决，在一审判决的基础上，增加了赔偿精神损害抚慰金 1 万元。

2005 年，22 岁的郭敬明已经是畅销作家，拥有自己的工作室，但他仍不得不面对一场他败诉了的剽窃官司。在接受央视《文化访谈录》节目采访时，尽管他事前和编导确定不回答任何有关抄袭的问题，但主持人马东还是远兜近转地把他笼罩在这个问题下无所遁形，郭敬明不停地捋头发，以上厕所为由消失了几分钟后才又出现。

郭敬明语录

“大提琴的声音就像一条河，左岸是我无法忘却的回忆，右岸是我值得紧握的璀璨年华，中间流淌的，是我年年岁岁淡淡的感伤。”

这期节目让很多观众都看不下去了，有观众不禁发问：“这是一个访谈节目还是一个批判大会？作为嘉宾，没有义务接受一个电视节目的审判。更何况，郭敬明还有那么多作品没有被判抄袭，那些作品又是怎样创作出来的？”

但这样的观众毕竟只是少数，数不尽的人希望推倒郭敬明，就像推到一堵围墙、一排栅栏一样。很难想象，年轻的郭敬明在流言蜚语中是怎样撑过来的。

在 2013 年 6 月 23 日的《可凡倾听》节目里，主持人曹可凡小心翼翼地问郭敬明：“曾经，你的某部作品被认为与别人的某部作品有些相似……”郭敬明淡淡地给出使用过多次的答案：“没有人能靠抄袭一直走红，而我已经红了十年，相信时间会证明我到底有没有才华，时间会反证当年谁是谁非。”

是的，时间会证明他有没有才华，但时间也只给那些没有自暴自弃的人证明自己的机会。郭敬明坦然而坚定地在自己选择的路上走着。

郭敬明的小时代

狩梦时代

《小时代》被改编成电影搬上荧屏，引起了轰动。因为这个系列的电影从导演到演员到影片内涵都是值得关注的文化现象。《小时代 3》上映四天就突破了 4 亿票房，同时《小时代》系列电影突破 10 亿票房。

喜欢《小时代》的年轻人很多，但是反感它的人也多得可以筑成一道墙。虽然饱受争议，但《小时代》的成绩依然艳丽。年轻人总能在电影中看到自己华丽的梦，虽然电影结束时这场梦也随之结束，但大家还是心肝情愿地为它买单，或者说，为自己的梦买单。

在创作这个系列电影的时候，郭敬明想记录当下的上海是什么状态。中国作家这么多，一提到上海，要么是张爱玲笔下的十里洋场，要么就是王安忆描写的弄堂里的生活。但是现代的上海，最摩登、最时尚的上海，并没有多少人去写。好几年前有一部《上海宝贝》，郭敬明一点不觉得那代表上海，那个堕落糜烂的上海故事很不真实。上海的年轻女孩子可不是每天就想着和老外过日子。

郭敬明觉得那种故事不是自己的青春，也不是自己在上海看到的青春。因此，他想记录一个时代的年轻人的生存状况，但是他觉得以他的阅历和笔法，又做不到群像地烘托一个大时代，去写一个史诗般的波澜壮阔的东西。所以郭敬明想，不如选取四个不一样的女主人公，通过她们个人的体验去折射这个时

代的东西。她们每个人都很渺小，但是这些很渺小的人组合在一起，就能代表一个时代。时代都是关于人的，一群人是怎么生活的，就能反映出这个时代是什么样子。因而，郭敬明将这个系列的小说定名为《小时代》，旨在刻画这个时代的模样。

郭敬明觉得上海的舒适度比北京高很多，它的大众公交系统、城市外观、气候、国际化感觉都非常好，它有全国最多的世界级公司的总部落地，这是它光鲜亮丽的一面；但它同时也很残酷，有陆家嘴那么多豪华的高楼大厦，也有弄堂里面贫穷的居民。残酷的贫富差距，引发了人们对物质的盲目追求，甚至愿意付出一切去获得财富和地位，它是一个非常复杂的城市。郭敬明认为，别说外地人看不懂上海，他自己在那里住了十几年，也不一定看得懂上海。他认为这才是上海的魅力所在，因而他决定用自己的笔记录下这些。

《小时代》开拍前期，郭敬明看了很多电影纪录片，了解大导演们在现场是如何拍电影的。他还和专业的特效公司探讨很多技术性和设备上的问题。虽然很多东西导演是不需要管的，但郭敬明对这个行业非常好奇，所以他会去了解这些技术层面的东西，而且学得很快。

正式开拍的时候，大家都很惊讶——一个新导演看起来像在片场待了十几年的样子。郭敬明拍的第一个镜头是杨幂。开始时，杨幂以为会有专门的执行导演来拍，郭敬明只是挂个名，所以还问郭敬明“你到底拍没拍过戏呀？”，郭敬明表示自己真没有拍过戏。杨幂拍戏时，从第一个镜头到最后一个镜头，都是郭敬明一直盯着拍完的。

郭敬明是一个很理智的人，当事情发生的时候，他通常会想怎么去解决它，怎样把伤害降到最低。如果这件事是自己解决不了的，不管怎么做它都会倒向那个坏的局面，郭敬明就觉得不必担心了，垮了就垮了吧，反正也解决不了。在片场，如果导演都慌了，就知道发脾气，那下面的人势必会失去安全感。制造一种安全感对剧组来说是很重要的，这样才能让演员安心，把所有的精力都用来演戏。

郭敬明对待拍电影很严肃。杨幂、柯振东、郭采洁等明星粉丝多，靠他们的名气用很小的成本拍完也可以挣很多钱，不用那么辛苦。但是，郭敬明觉得如果这样做，就背离了他拍电影的初衷。他拍电影，是真的希望把它做好，他是有自己的艺术追求的。如果单纯为了赚钱，他也不会来做这个项目，他把一年的时间都放在这个项目上，其他工作都不做了，不能简单了事，一定要做得很好。

当我们坐在电影院里看《小时代》的时候，我们也应该想到郭敬明为这部电影付出的努力。

郭敬明语录

“当你真正爱一样东西的时候你就会发现语言多么的脆弱和无力。文字与感觉永远有隔阂。”

很多人在调侃科班导演的作品不如郭敬明这样的非科班导演作品卖得好时，不妨了解了解郭敬明究竟做了什么、付出了多少。没有谁的成功是必然的，能否做好的关键掌握在自己手里。

迷离时代

郭敬明曾在博客里显摆他的 Gucci 背包、外套，D&G 裤子、皮带，CK 的内裤也要故意露出裤腰，全身都是唯恐人家看不见的大 Logo。他在自己主编、面向中学生的杂志《最小说》上也大“晒”名牌：笔记本是爱马仕的，手提包是 LV 的，钥匙扣是 Prada 的，还附上批注：“我也不知道为什么我一个几乎不用笔写字的人，要买一个四位数的爱马仕笔记本……”

郭敬明崇尚名牌缘于他刚成名时发生的一件事。那是 2003 年《幻城》出版后的一天，20 岁的他在上海大学念大二。那时他对名牌没什么概念，穿了一套自己觉得挺好看的衣服，就到了活动现场。一位工作人员问：“郭先生到了吗？你是他的助理还是什么？”郭敬明坦言自己就是郭敬明。工作人员看到他的第一眼就说：“哎，你服装带了吗？我们先去把衣服换掉。”郭敬明回应自己已经穿好了。

郭敬明一辈子都忘不了那位工作人员那不屑的表情。那位工作人员说：“哦，你跟我来吧。”然后就把郭敬明安置在一个小小的座位上。

郭敬明说，这种耻辱感把他的整个世界观“摧毁”了。他感觉自己当时无助得就像突然被人从学校拎出来丢到闪光灯下。他感到愤怒又自卑，他很讨厌这种因为穿着而被人嫌弃的感觉。

郭敬明高调的生活作风，以及《小时代》中绚丽奢华的场面，都难免会引起媒体和一些人的非议。这些非议让郭敬明成为一个争议人物，其中负面的评论居多。

而郭敬明对此的态度便是不愿意妥协，因为他并不觉得自己有什么错，他是凭着自己的双手去工作的，花了很多的心血，然后赚到了钱，无可指摘。

郭敬明不希望大家提到他时觉得他是一个示范标本。他不想做一个模范生，他想做一个开心的人。所以，他从不掩饰自己身上的一些缺点，比如别人眼里所谓的虚荣、拜金。

对于大家的评论，郭敬明也不会置若罔闻：“有些人觉得郭敬明很差，有些人觉得郭敬明很棒。我觉得这很好，我不太想去改变。因为如果有一天媒体一面倒地说，郭敬明就是很好，这种时候其实挺吓人的。真实的我可能没有那么好，但是也没有大家所想象的那么差。”

寻我时代

身为独生子，郭敬明没有兄弟姐妹一起长大，玩具和小人书就成了他最亲密的童年伙伴。买玩具、买书、买游戏机则是他从小就很热衷的事情，渐渐也就养成了乱花钱的习惯。虽然家里的收入很一般，但父母从未阻止过他的“挥霍”。而郭建伟夫妻俩，却从来不舍得乱花一分钱。

小学四年级时，一天夜里，郭敬明听到隔壁屋里传出母亲的声音：“家里这几间老瓦房已经破旧不堪，一下雨就漏水，不修整根本没法再住了。”父亲叹了一口气说：“我比你都着急，可哪里还有钱修房子啊！”当时，郭敬明的奶奶生病住院，已经花光家中积蓄，眼看住房成了危房，夫妻俩却无力翻新。那一夜，父亲的哀叹和母亲的低声抽泣深深刻进了郭敬明的记忆中。

几天后，郭爸爸和他的一个朋友“投入战斗”。他们一个工人没请，自己动手给老房子重新铺瓦片、换木材、刷油漆。期间，郭爸爸往木材上钉钉子时，由于疲劳过度，不慎被锤子砸到左手，顿时血肉模糊。到医院包扎后，他不顾妻子的劝阻，忍着伤痛爬上房顶继续干活……历时一周，两个从未和砖头水泥打过交道的男人，把几间老屋修葺一新。郭敬明放学回家，看到焕然一新的房子和爸爸缠着白纱布的手，既高兴又心疼。这件事之后，郭敬明体会到了父母的不易，大把花钱的习惯才有所收敛。

当郭敬明终于功成名就，可以回报自己的父亲时，却遭到无情的言语中伤。

父亲 50 岁生日时，郭敬明买车给父亲庆祝，一个做出版的商人推荐成都一家报纸做汽车专版的负责人给他，并答应亲自把车送到郭敬明父亲手里。但在收到汽车的隔天，郭敬明却看见路边的报纸上有一张他爸爸试驾的照片，那篇文章的标题是《看一看暴发户的可笑嘴脸》。郭敬明买光了住所周围的所有报纸，在垃圾桶里把它们烧成灰烬。

在上海居住时，父母曾几次来到郭敬明的图书签售现场，日渐苍老的他们就默默地站在最远的角落里，盯着被“粉丝”围得水泄不通的儿子。有时候，郭敬明匆忙中抬起头，透过无数黑压压的头顶望向他们，每次都可以看见爸爸开心的微笑和妈妈激动的目光。那一刻，他忽然觉得，自己吃多少苦、受多少委屈都值得，只要能换得父母自豪的笑容。

郭敬明觉得，每个人选择的生活方式都应该被尊重，别人的生活方式也不应去干涉。每个人的生活观价值观不同，你不能让大家都按照一种方式去生活。有些人，每天赚钱还房贷，日子过得仿佛没有一点情趣，别人会评价他们有多失败。但是郭敬明觉得，站在这个人的角度，有可能在他心里，有一个安定的家，让自己的妻子有安全感，小孩能好好念书，这样就很好了。这是人家的人生理想，不能认为人家不对。

有人说：“我能够成为像郭敬明一样的作家，我这辈子就很牛，就够了。”但是郭敬明觉得那不够，除了作家，他还要变成商人，还要做导演，还要在未来做其他的行业，他觉得自己要做很多很多才足够，他才会觉得自己足够优秀。

这就是郭敬明的小时代——坚持做最随和的自我。追梦途中的我们，若能像他一般坚定地存在着，或许也会少一些遗憾吧。

郭敬明语录

“坚硬的城市里没有柔软的爱情，生活不是林黛玉，不会因为忧伤而风情万种。人永远看不破的镜花水月，不过我指间烟云，世间千年如我一瞬。”

蒋方舟

—— 她承认她不曾历经沧桑 ——

蒋方舟是个不凡的女子，她的大半时光都被人关注着，特别是在被清华大学降分录取的时候，蒋方舟的名字被很多老师、家长、学生所熟知。在外人看来，她是一个特立独行的少女，但她一直在思考与尝试自己应该走的路，现实让这个女孩变得越来越成熟。

图片来源：视觉中国 VISUAL CHINA GROUP

1989 年10月27日，出生于湖北襄樊铁路医院。

1996 年9月，进入湖北襄樊铁路一小读书。

1997 年暑假，开始创作《打开天窗》。

1999—2000 年，创作小说《正在发育》。

2015 年5月22日上午，在哥伦比亚首都波哥大，蒋方舟坐在一个由两国文化部门举办的“中国—拉丁美洲人文交流研讨会”讲台上。在她身边坐着的，有中国作家协会主席铁凝、诺贝尔文学奖获得者莫言，以及哥伦比亚文坛大佬马利安·庞斯福德、圣地亚哥·坎博阿。当然，还有中国国务院总理李克强。

2012 年3月，就任《意林》杂志社顾问。6月，从清华大学毕业并进入《新周刊》杂志出任副主编；9月担任第九届中国金鹰电视艺术节暨第26届中国电视金鹰奖颁奖嘉宾。

2013 年10月20日，蒋方舟新书《我承认我不曾历经沧桑》由广西师范大学出版社出版。该书是她二十岁后首本杂文结集，反思成长道路上的得与失。

2011 年5月4日，在湖南卫视《成人礼》演讲《相信爱》；7月，在《人民文学》杂志与江苏可一集团合作举办的星生代文学大赛中担任评委；12月，在“凤凰网年度好书”评选中担任大学生评委。

JIANGFANGZHOU

蒋方舟

大事年表

2001年6月，《打开天窗》被湖南省教委列为中小学生素质教育读本，蒋方舟成为多家报刊的专栏作家；8月起，在《南方都市报》开设专栏；9月，进入湖北襄樊铁路一中读书。

2002年4月~8月，在山东《视周刊》开设专栏"（影视）发烧语对谈"；5月起，在《足球报》《南方体育》《海峡都市报》《三秦都市报》《新作文》等开设短期专栏，内容涉及足球、影视文化、作文等；10月，出版《都往我这儿看》（春风文艺出版社）。

2003年10月，出版长篇童话《我是动物》（郑州大学出版社）；11月起，在《新京报》和《南方都市报》开设专栏《邪童正史》。

2004年3月起，在《郑州晚报》开设专栏，在长春《巷报》开设专栏；5月，将《我是动物》改编为五幕话剧，在北京儿艺"20万元征剧本"活动中，获鼓励奖；10月，"蒋方舟官方网站"开通。

2005年4月，华师一附中举行自主招生考试，准备面向全省招30名特长生，蒋方舟参加了考试并通过笔试，被该校提前录取。蒋方舟在该校的寝室已被命名为"蒋方舟创作室"，成为该校的一道人文景观。10月1日，当选为中国少年作家学会主席。

2008年9月，从华师一附中进入清华大学新闻与传播学院学习；同时，任《新周刊》特约记者。

2009年，卸任中国少年作家学会主席。

2010年，签约成为饶雪漫主编的《最女生》杂志的新锐女作者；加盟封新城主编的《新周刊》成为主笔；7月，和张一山一起参加湖南卫视《天下女人》节目；9月10日，在湖南卫视《快乐男声》决战之夜担任跨界评委；代言并拍摄平面和TVC广告——美宝莲BB霜。升职为杂志主笔。

小小的人，成熟的心

出生于20世纪80年代尾巴梢上的蒋方舟是个不凡的女子，她的大半时光都被人关注着，特别是在被清华大学降分录取的时候，蒋方舟的名字被很多老师、家长、学生所熟知。在外人看来，她是一个特立独行的少女，但她一直在思考与尝试自己应该走的路，现实让这个女孩变得越来越成熟。

打开天窗

蒋方舟走上文学的道路与她的母亲尚爱兰有很大关系。尚爱兰是湖北襄阳的一位中学老师，心向文学，1999年拿了首届“榕树下网络文学大赛”金奖，也是国内资深文青论坛“泡网俱乐部”的老网友。蒋方舟在六岁半的时候，就被母亲“诱骗”，吃完饭就趴在桌子上开始写文章，而且当时写作的目的很明确，就是要出书，不是在当地报纸上发表一篇，也不是要写一篇优秀作文。

小的时候，蒋方舟连“发表”是什么都不知道，她当时还问母亲什么是发表、发什么表、石英表还是什么表。那时候的她对发表文章、作品等完全没有概念，感觉出书就是书印成印刷品那一刻就完结了，也没有想过书的读者是谁。

第一本散文集《打开天窗》的读者都有哪些，蒋方舟完全不知道，因为她没有收到任何反馈。这本书的插图是她自己画的，稿费一共是八百块钱。蒋方舟爸爸为了感谢出版社的编辑，送了人家一个1000块钱的毯子，为此还被蒋方舟抱怨没有商业头脑。

蒋方舟12岁的时候，就自己跑去出版社跟人家谈版税。她回忆当时的情景时说："其实什么都不懂，就像卖菜一样，别人说一个价格，我就说多一点。"

蒋方舟的爸爸是乘警，经常不在家。蒋方舟跟妈妈在一起的时间更多，也更亲密，但妈妈喜欢女人独立成熟，像男人一样。妈妈一直用"商量"的态度跟蒋方舟说话，蒋方舟很小就会说"这件事情我想这样"的老成话。

蒋方舟的文字风格也相当老成。12岁那年，她就在《正在发育》一书中这样写道："我发现了，一男一女在一起，如果尽说些过去的事，那就是刚结婚；如果尽说些将来的事，那就是要结婚；如果尽说些别人的事，那就是结婚多年了。"

这些话从一个孩子嘴里说出来让人忍俊不禁，同时也不得不为她说的理点赞。正是尚爱兰给女儿打开了一扇天窗，蒋方舟才能在自己稚嫩的年纪里想着这些老成的事，她比同龄人起步早很多，也有了很大的优势。

邪童读史

2003年，蒋方舟便在《南方都市报》和《新京报》开设"邪童正史"专栏，以出其不意的角度切入历史、撰写文章，给人一种幽默和快意之感。在她的《炒作惯犯白居易》一文中，她毫不避讳地写道："成名之后，白居易经常在社会版和娱乐版上做秀，'新生代诗人白居易透露文章秘诀——天天读给老妇听''走红诗人白居易为唐明皇写自传《长恨歌》——知情人透露涉及其恋情'……"由此可见，蒋方舟对历史的理解是相当有趣的，而且角度很独特，将古人与今人生活结合起来谈，这样的文章出于一个少女之手，实在出人意料，但又是在情理之中，孩子不正是应该这样说话吗。但蒋方舟在童言无忌中藏着的那些与她年龄不相符的学识，还是很令人吃惊的。

其实，蒋方舟能写出这样的文章是有原因的。当很多同龄人被迫学习教科书中的"正史"时，蒋方舟却读起"野史"来，"野史"比严肃刻板的"正史"可有趣多了。因为学完了中学历史，蒋方舟还是不知道古人是怎样生活的，带着这种疑问及对古人生活的了解欲望，蒋方舟决定恶补历史，将疑惑解决。她开始阅读古代的笔记小说，由此获得了对历史的另一种领悟。

写专栏让蒋方舟好好研究了中国的历史。她对历史的理解是：如果历史是只正在渡河的大海龟，那么它背上驮的就只是一些有权有势的人，其中还夹杂了一些被有权势者喜欢的聪明人。只有这两种人才能浮出水面，其他的人就掉到河里自生自灭吧。

所以，蒋方舟认为自己所干的事情就是打捞坠落在历史河流里的生还者，把他们拽到岸上，救活晾干，试着还原他们的本来面貌。在这过程中，蒋方舟发现一些智慧又有趣的人，比如战国时候的列子，他凭着动物尸体就能解释进化论。诸子百家中最天才的人物，应当是庄子的朋友惠子，惠子说过“南方无穷而有穷”，意思是到达南极点后，再向前就不是南方了；他还说“物方生方死”，意思是物体形成的时刻，也就是它解体的时刻；他跟对手庄子辩论的时候，经常兴奋地滔滔不绝，庄子就说，“不啦不啦，对方辩友，说而不休，多而无已，烦死我了。”

蒋方舟在这样小的年纪，就能在历史的海洋里游刃有余实在是不简单，她能够如此，与她喜欢思考分不开。她看书不是纯粹消遣，每一个经过她脑海的人物，她都会将其想透，竭力看到这个人的内在。有时候，这个爱思考的习惯她也会用在自己的身上，她喜欢思考自己的未来，而且似乎在很小的时候就部署了自己的未来，虽然现在看来有点幼稚。在《青春前期》这部小说里，自序《我是作家吗》中的一段话，颇能反映她的幽默精神：“我出名后，就在最巅峰的时候隐居起来。这样的话，我在人们的心目中永远站在最高峰上。我隐居起来后，就慢工出细活，几个小时创作出一部举世闻名的著作，又用一个毫不相干的笔名发表。这样就算写得不好也没人怪我。后来这个没有名字却有很多著作的才女就成了蒙着面纱的蒙娜丽莎。等我临死的时候，我就支支吾吾、勉勉强强、半死不活地说：那个人就是我。”

蒋方舟语录

“我们的谎言是纯净的，不掺和一丝真相。”

打开天窗
蒋方舟 著
长江文艺出版社

正在发育
蒋方舟 著
陕西师范大学出版社

青春前期
QING CHUN QIAN QI
蒋方舟·著

都往我这儿看

邪童正史
蒋方舟 著

蒋方舟
骑彩虹者
Qi Cai Hong Zhe

第一女生
The First Girl

谣言的特点
——蒋方舟十年妙文选

我承认
我不曾历经沧桑
蒋方舟 著

故事的结局
早已
写在开头
蒋方舟 著
9
蒋方舟

自主学习

初中时，蒋方舟脑子里冒出过退学的念头。当时学校作业多，蒋方舟又要写作，精力不足。“我妈觉得写作比学习重要，写作是主业，学习是副业。我对这个想法可能有 10% 的怀疑，但我妈 100% 都是这样的信念，两个人就相互影响，跑去跟学校说要退学。”蒋方舟说。她的妈妈跟老师沟通退学的想法时，老师认为蒋方舟成绩不错，退学可惜了，就提出另一种解决方案，允许蒋方舟不写作业，但是要保证课堂上的听课效率。从初中开始，直到高三，蒋方舟都是不做作业的，羡煞旁人。

蒋方舟的学习很自觉，她从没上过学校的早读课。每学期语文课本刚发下来，她会抢在老师讲课之前，花一两天的时间，把所有课文看一遍。看完了，她还找同学讨论哪个作家很好、哪个作家很烂的问题。

即使琳琅满目的参考书中充斥着课后习题的“标准”答案，老师也会阐释自己对课文的理解，蒋方舟仍非常注重自己的赏析和判断，不被所谓的“标准”限制。如果发现某个作家的作品很有水平，即使课本上只是简单引用了一句，蒋方舟都会找来这个作家的其他作品阅读。得益于大量的阅读，蒋方舟的鉴赏能力提升得相当快。

蒋方舟认为考语文很简单，只要搞清楚出题者的意图就没问题了。引用和解释日本校园剧《龙樱》中的台词——“考试就是对话”，她说：“应该是三方的对话：跟出题的人对话，跟写文章的人对话，跟改卷的人对话。”有时考完试，和同学一起讨论时，她会一边“骂试题”一边推论：“出题这人，起码 50 岁以上，‘文革’过来人，喜欢看《读者》”“出题的这个人，是女的，小资情调”“出题的这个人，恐怕只看余秋雨”。

但是对于“如果鲁迅来参加高考，也不会及格的”的说法，蒋方舟却持有反对意见，她认为聪明人从来不会被考试玩弄。

> **蒋方舟语录**
>
> “坚定地成为自己，同时关心他人的命运。学会爱这个世界，但随时准备好与之抗争。”

灵活踏实

蒋方舟说，因为数学作业最多、最占时间，如果做数学作业，那向老师“争取”来的时间等于零，所以，初中时她“坚持”不做数学作业。后果便是，初中毕业时，数学成了她的绝对弱项。高中分文理班时，蒋方舟的数学只考了 50 多分，这个时候，能考进年级前 1000 名她就满意了。

分班的时候，蒋方舟非常担心，怕没有老师肯要她。惶恐中，她想到了汪义芳老师。刚上高中的时候，面对众多选修课——网球、航模、编程、雅思、电影……蒋方舟不知道选什么好，是汪义芳老师托人告诉蒋方舟，让她去听自己的文学鉴赏讲座，而那时，她并没有见过汪老师，还以为汪义芳是女老师。一去才知道，传说中的汪老师是个壮汉，并且汪老师讲课非常好。分班的时候，蒋方舟在汪老师班级门口等了好久，等到汪老师出来，她就迎上去说：“我是蒋方舟，我想到你班上。我除了数学不好，其他科还可以。”汪老师查看了她的成绩单，确实不怎么好，但还是很大度地接收了她，而且让蒋方舟做了班长。

因为老师的一句“爱不爱学习，就看爱不爱做题”，蒋方舟由从来不做数学题变为“狂做”数学题。她相信，做题是学习数学的最好方法。她说：“我学数学，靠的是蛮干。”

但是蒋方舟并不是“题海战术”里不知方向的鱼儿，在学习方面，她就像有着丰富经验的方舟，她自己的判断能力就是罗盘，因而她学得既灵活，又踏实。

一开始做题的时候，蒋方舟习惯去翻书后的答案，后来发现这样效率极低，于是她克制自己不去看答案。她说：“我向来不相信跟人讨论作业题能讨论出个什么。学习本质上都是自学。”

她每个月都会去书店购买教辅书，连辅导书的前言都会读一读。她了解市面上最常见的几十种教辅书的编写特点和优缺点，于是安排自己学到哪个阶段，就做哪套教辅书。

蒋方舟语录

“也许天长地久可以做如是解：你一生中只有那么一刻，你全心投入去爱过一个人，那一刻就是永恒。你一生中如果有那么一段路，有一个人与你互相扶持，共御风雨，那么，那一段也就胜过终生了。”

蒋方舟平时做历史题总是很慢。做选择题时，她除了从四个选项中挑出正确的，还会注意看其他三个错误的。“因为错误的选项也是重要的知识，只不过故意把年代、人名写错。这样做一题，等于做四题。”问答题答完后，她还会在旁边另外写一些话，用来分析出题人的用意。相比那些记忆正确答案的学生，她的学习效率着实高了不少。

蒋方舟没有一天不在研究学习方法。骗自己或者骗老师的学习方法——比如抄作业、赶作业、抄写课文、大声背书等，只要自己意识到是低效率的，她就绝对不会做。她就是这样踏踏实实地走过自己的高中路。

蒋方舟无论关注什么领域，都希望知道那个领域哪些人是最好的，他们是怎么办到的。所以，她去听了“状元班”的讲座，看状元的学习经验和心得。在“状元班”讲座上，老师说：“据我观察，状元有两个特点，一是状元都是独来独往的，二是状元喜怒不形于色。”所以，后来在校园里，常常可以看到她戴着耳机独来独往，以极快的速度吃饭；而且她在一间宿舍里一个人住了三年。

回想自己的高中生涯，蒋方舟感觉很满意，因为清醒的学习方式不仅帮她在学业上保持着比较好的进步速度，还给她节省下了不少时间，她用这些时间完成了许多自己想做的事情，效率很高。

渴望认同

2006 年，还在上高中的蒋方舟与金龟子共同参加活动，签书时金龟子被围得水泄不通。蒋方舟回忆时说：“我干巴巴地坐了良久才有小朋友过来，对我说，金龟子姐姐给我签个名吧。于是我就给他签了。”受到“刺激”的蒋方舟希望将自己塑造成“地瓜姐姐”形象，打入小朋友内部，以争取超低龄的“粉丝”。

那时，蒋方舟会时不时地在网络上晒吃饭、睡觉、做鬼脸的照片，以及自己爱听的歌、喜欢的宠物等。偶尔，她还会调侃一下自己，“接好多读者的电话，这说明我还没有过气嘛，这个喜人的发现让我这个多愁善感的人也湿润了眼眶”。

蒋方舟说自己当时就是非常希望别人喜欢自己。这种欲望已经强烈到覆盖了自己所有的行为标准，她认为这可能得从小时候开始写作时算起，最早是写文章给她母亲看，母亲每天下班回家看她写的东西。蒋方舟特别希望母亲看到她的文章后会笑、会开心、会表扬，所以从小就生活在一种特别渴望被人喜欢、赞扬的心理状态当中。十八九岁的时候蒋方舟才发现自己的这个心理特征。但后来她又慢慢发现，一百个人里面有一半的人喜欢自己就已经是一个非常高的比例了，没有必要去刻意地讨好或者在乎很多人的想法。

英国作家王尔德曾经说过："过早成熟就是十全十美。"这句话不一定十全十美，但是放在蒋方舟身上还是蛮恰当的。与同龄人相比，蒋方舟过早地成熟了，她的成长过程里少了许多不必要的经历与烦恼，因而她比谁都更早清醒，并且更好地做着自己喜欢做的事情。

把“海龟”骂哭的女孩

升学之争

2008 年，蒋方舟被清华大学降 60 分录取，引起了社会的广泛关注。

在国内某门户网站上关于“你如何看待清华大学拟降 60 分录取少女作家？”的调查中，有 7 万多名网友参与调查。其中，认为“清华不拘一格录取人才，体现名校风范”的支持者有 48770 人，占总数的 69.49%；认为“降分录取对其他考生不公”的有 19278 人，占 27.47%；表示“不好说”的有 2138 人，占 3.05%。

华中科技大学的某学生就表示：“出了几本书，清华就可以给她敞开大门吗？天才、作家总该有个评判的标准吧，只按照学校的意思降分录取，让人感到不太公平。”还有一些网友认为蒋方舟是被破格录取且占了清华大学的招生名额。一个网名为“网鹰”的网友说：“既然已经是‘著名’作家了，还上什么大学，不如给其他艰辛的学子腾出一个清华的位置来吧。”

蒋方舟否认了各种破格与占名额的说法，她表示保送生和自主招生都不占招生名额，不存在挤掉其他上线考生名额的说法。她和其他同学一样，经过了申请、初审、笔试、面试、高考几道门槛，才获得进入清华的机会。

绝大部分高校，自主招生的考生，高考达到一类本科线就可以被录取。蒋方舟的很多同学，都是这样被录取的。清华的提档线非常高，降低 60 分还意味着要超过一本线 30 分。蒋方舟估计通过努力自己可以上线，就选择了这条既有保障又有风险的路。

清华大学湖北招生组组长杜嘉也回应了此事。他表示，清华并没有特别优待蒋方舟，蒋方舟按照程序通过了自主招生的笔试和面试。按规定，自主招生学生可享受降20~30分录取的待遇，经学校招生领导小组讨论，给予蒋方舟更优惠的加分政策。之前清华大学在录取体育、文艺特长生时，就有降60分录取的先例。优录蒋方舟并未超出常规，也谈不上什么破例。

有相当多的人支持蒋方舟，他们否定了许多质疑者的声音，并对蒋方舟寄予厚望，希望这个幸运的姑娘能够在清华大学找到属于自己的位置。“那些说不公平的人犯不着吃不到葡萄说葡萄酸！要是让有才华的人‘蜗居’在一个普通的大学里，那才是损失呢。”华中师范大学大四学生吕煜觉得，蒋方舟被降分录取一事应该得到社会的公平对待。

网络知名写手语笑嫣然认为，被名校录取是好事：“蒋方舟有她自己擅长的，别人未必能及，况且她的成绩本身又不错，给予她肯定会比较公平。这对写手来讲是一个很好的机会，机会来了，就抓住。这次的争议对她也是考验，只是以后的路怎么样还是靠自己走，希望她有一个新的开始。”

困窘生活

9月，蒋方舟正式成为清华大学的一员，随即开始了大学新生的军训生活。军训最后一天时，蒋方舟和她的同学们一起谈论回到正常生活中后打算做什么。有很多同学的理想是吃肉，有一个男生的理想是穿便装、穿女装，有的同学的理想是到澡堂洗几个小时的澡，而蒋方舟的理想则是赶紧穿高跟鞋。她觉得她的脚快跟解放牌胶鞋融为一体了。

两周的军训后，蒋方舟再看到网上热炒“90”后军训的事情表示“很能理解”。她说，她参加军训时也很煎熬，每天和太阳做斗争，

> **蒋方舟语录**
>
> “大师需要时代和体制去成全，需要一群准大师去成全。不是你一夫当关地往前爬就可以爬到那山顶，而需要宏观的成全。”

每天不停地擦防晒霜，4 点半起来叠被子，不敢坐在自己的床上，生怕坐出一个屁股印会扣分什么的。她说她总是以一种不自然的状态来过一种很自然的生活，训练最后简化成走路、站着、晒，就是这么三项必修项目，其他的匍匐、射击已经全都没有了。

那两周里，蒋方舟觉得军训的地方不像北京，像新疆。“我每天看着窗外的飞沙走石，就好想回到首都北京，就是那样的感觉。”

本以为熬过了军训就是晴天，没想到步入高校的蒋方舟竟然过上了穷日子。一天，蒋方舟看到水果摊有卖烂香蕉的——六根香蕉只要 1 块 5，急忙冲过去买。上大学以前，蒋方舟所有的版税和稿费都由母亲打理，她自己从不过问，上大学以后的生活费也全由她自己解决。她一直打算 18 岁之后过一种全新的生活，但是当时的她基本上没有赚钱能力。所有的东西都要自己买，她感到了生活的艰难。

但是，在蒋方舟看来，缺钱并不意味着钱就是一切。她坦言，自己对钱没什么概念，她觉得自己能生存下来就好了，不需要生活，更不需要生活得很好。

引起众怒

从小就被冠以“少女作家”称号的蒋方舟在清华大学里的经历并没有自己想的那样一帆风顺，她一直遭受着不少可笑的“待遇”。

她总会在不同场合跟一个学长偶遇，学长问她叫什么名字，她答：“蒋方舟。”学长像第一次听说这个名字那样夸赞：“好听！”然后就展开了长达半年的攻势，花都不知送了多少。直到追求无果，这位学长才跟蒋方舟摊牌：他早就知道蒋方舟被清华破格录取，特意研究了她的课程表，所有“偶遇”都是刻意制造的。他甚至跟蒋方舟坦白，自己一直盯准了她追求，就是希望“当上天才少女的男朋友”。后来这位学长经营了一个著名的公众号，终于如愿以偿地出了名。

清华的校园论坛里，经常有人议论：究竟哪个女孩更不好追，是女神“奶茶妹妹”，还是蒋方舟？答案无疑是外人看来特立独行的蒋方舟，“奶茶妹妹”已有了清华男友，而蒋方舟则撰文《控诉理科男》，激起一众清华男生的抗议。

蒋方舟在《控诉理科男》中，以某理工学校BBS上的热帖《然后，就没有然后了……》为切入点，引出理科男不解风情的种种迹象，她在文中晒的跟帖着实让人啼笑皆非——

"师妹说要给我介绍女朋友，明天早上图书馆门口约给我见，然后第二天到图书馆门口，没见到她说的女朋友，只见到穿了一身新衣服的师妹。俺大呼上当，扬长而去，然后，就没有然后了……"

在这篇文章里，蒋方舟毫不留情地诠释了理科男的定义。她写道："在一部分理科生眼中，宗教是跳大神，文学是扯淡，经济学是骗钱，法律是无中生有，历史都是骗人的，政治就是'综合国力'的成王败寇。这种认识确实让人无法反驳，因为把人掰开了揉碎了，也只不过是60多种化学元素。"

蒋方舟在这篇洋洋洒洒两千字的文章里，将理科男的通病数落得相当细致，但这般犀利直白的观点，迅速引来了众多理科男的反对，很快网上就流传了各个版本的《控诉文科女》。蒋方舟的大学生涯基本上都笼罩在理科男们仇视的目光中。

骂哭现实

刚刚进清华大学的蒋方舟觉得能够跟不同的老师、不同的同学接触，真的能够学到一些实在的东西，而且觉得清华对她影响很大。因为清华的熏陶，蒋方舟变得比较守时、比较能干，而且比较严谨，虽然不能说务实，但是她觉得自己想问题还是比较实际的，而且很谦虚，她自感有半个清华人的潜质。

可是一旦深入地了解了这所曾经令自己满怀期待的大学，蒋方舟渐渐感到了失望。她对自己的新闻系课程也觉得很不理解，在李鸿忠"抢笔"事件发生后，在一位教授的课上，蒋方舟站起来问，能不能谈谈对这件事的看法。当时老师就说："好，我来表演李鸿忠，你来表演那个记者。"当时蒋方舟只是提了一个比较尖锐的问题，这位教授就用一种很官方的语言回答她，比如"你怎么能这么说啊，我们湖北发展得很好啊”，底下的学生就笑声加掌声一片，觉得回应得很好。蒋方舟觉得这其实是一种培养发言人的教学方式，是在培养记者的“敌人”，而不是记者。有一门课的期末作业是让学生们去长安街一带客串城管，回来后写一篇“城管也不容易”的文章，3000~5000字。蒋方舟不能理解为什么要这么写。

在清华大学百年校庆这个张灯结彩的日子到来前，蒋方舟在《看历史》杂志上刊发了她写给清华大学的一封信。信里的气氛与这个普天同庆的日子是极不相称的，可以说，蒋方舟是往清华大学头上扣了一个“冰桶”。

她评价，清华人是可爱的，愤青少，领导多，内心大概还是有以天下兴亡为己任的悲壮，表现出来却是高屋建瓴、虚头巴脑的老干部模样。

这个胆大的姑娘批清华的领导们时一点都不留情：“我曾经旁观过学校的干部们做事，与教育和世俗标准下少年得志的成功者打过交道，他们毫无障碍地接受学校给予的一切价值观，自诩主流，一百年不动摇、一百年不怀疑；他们青出于蓝地运用官场技巧与规则，成者为王，败者为寇。”

“有时，我看着他们滔滔不绝地在课堂、在会场说些‘主流价值观’的话，心想：‘他们真相信这些，真可怕。’过了一会儿，又打了个寒战，‘他们其实并不相信这些，那就更可怕了。”蒋方舟幽默的说话方式血淋淋地讽刺了官场的虚假作风，很难想象这个年龄的女学生会腰杆笔直地挺起来，在百年校庆这样特殊的日子里发出如此冰冷的声音。

“百年校庆快到了，学校里大兴土木黄沙飞扬，新的大楼和建筑一天天显现规模，学术成果在日夜赶工，我刚路过操场，看到四千人规模的团体操在训练彩排。”写下这句时，蒋方舟势必是失望的、痛心的，否则也不至于这样直白地揭开清华的神秘面纱，让清华种种不光彩

蒋方舟语录

“世界并非是不完美的，或是正处在一条缓慢通向完美的路上；不，它在每一个瞬间都是完美的，一切罪恶本身就已经蕴含着宽恕，所有的小孩本身已经蕴含着老人，所有婴儿都蕴含着死亡，所有濒死者都蕴含着永恒的生命……学会爱这个世界，不再拿它与某个我所希望的、臆想的世界相比，与一种我凭空臆造的完美相比，而是听其自然，爱它，乐意从属于它。”

的地方暴露在阳光下。

蒋方舟的文章发表后，学生会也有很大的反应，但并不是因为蒋方舟触犯了他们的信仰，而是因为她给他们的“执政期”造成了麻烦。他们的公关处理方法是号召全校人给清华写信，以说明她是个异类或不合群的人，而其他人都还是齐心协力地爱母校的。

学校里反驳的声音是极多的，蒋方舟觉得比较严肃的反驳只有两个。一个是一位法学院的博士给她写的公开信，另一篇是讲“工业党”和“情怀党”的。蒋方舟觉得后者比较有意思，也代表一种比较普遍的思维，大意是说，“我们是科技救国、工业救国，你说的、批评的我们都明白，但我们就不说这些，就专注于实业救国，你就情怀你的”。还有人说，右派已经拿蒋方舟这个小孩当旗手、当牺牲品了。蒋方舟觉得这样的言论比真的敌人还可怕——大家相互都明白对方在说什么，还这样自我消耗。

即使在这样僵化的氛围下，蒋方舟还是保持着个性，依然敢说真话、敢抒己见，从没有被同化。她一直怀念一个场景：有一次北京刮沙尘暴，外面是昏天黑地的末日之象，当时学生们在教室里学古典文学，集体朗诵《春江花月夜》……她觉得那是一种非常桃花源、乌托邦、伊甸园、红尘外的感觉。她理想中的大学，是没有那么现实，没有那么焦虑，可以静下来想想自己的需要，想想自己究竟要过怎样的生活的大学。

了解了这个小姑娘对大学的单纯期望，我们或许就不难理解她撰写《给清华大学的一封信》时的心情了。从乌托邦的幻想中被拉到现实，那种感觉是遭遇任何挫折都无法体会的。

清华现实的氛围逐渐将蒋方舟拉回现实，看着周围人在毕业季的反应，就像是极端天气前动物的种种异象，躁动而反常。蒋方舟也渐渐地焦虑了，打个车也要问司机：“你说北京户口是不是非常重要？”

此时的她想着，毕业之后先闲一年，四处

蒋方舟语录

“青春这个大园子，有点美丽，有点诱惑，有点危险，就是没有用。但若全拔了无用的劳什子，改种饱腹的卷心菜，伊甸园变成菜园子，未免也太可惜了。”

走走，冥想自己应该往哪条路上走。其实，蒋方舟的冥想早就开始了，大学四年她都在冥想。这个被乌托邦抛弃的女孩将在冥想中找到自己的方向，最为可贵的是，这么久以来，她都没有迷失方向，没有向自己感觉有缺陷的价值观妥协。

其实，蒋方舟就像她曾经评述的历史一样，自己就坐在一只大海龟背上，海龟就是现实，现实想左右她，带她坠入主流的海洋里。这个倔强的女生一点也不想任它摆布，便把海龟骂哭了，海龟急得满眼是泪水，索性将这姑娘丢上了一个小岛。孤岛上的蒋方舟在冥想，在成长，她终会离开孤岛，划向乌托邦。

凡墙都是门

初涉职场

毕业之前，蒋方舟都没有想过要找工作。她一直觉得，从学校到职场之间，最好有个间歇，不要一出校门就找个终身职业。那时候想的就是用毕业后一年的时间到处走一走，看一看。

很多人认为蒋方舟是无缘无故就被《新周刊》录用担任副主编职务的，实则不然，蒋方舟大学四年一直都在《新周刊》兼职。她大一的时候就开始帮《新周刊》写稿，大二成为特约记者，大三已经是主笔。她的杂文集《我承认我不曾历经沧海》里收录的大部分都是她在《新周刊》上发表的文章。

刚开始在《新周刊》工作时，蒋方舟就感觉“压力山大”，她甚至买过好几套四五十岁中年女性才会穿的深色西装，希望增加副主编的气场和威严感，后来发现完全没必要。如今，她早已适应工作，有时候，对一些记者也会比较严厉，哪怕对方比自己年龄大。她甚至会指出，你这种稿子就像飞机上那种杂志登出来的，都没人愿意花钱买。在她看来，严厉只是为了更好地出稿子，只要对人的标准一致，自己就没有压力。但蒋方舟觉得自己并不像一个管理者：“领导这个词，离我还很远。”

她在职场中越来越精明，不再是那个刚刚涉世的少女。比如，到下班的时间了，还有一些同事在工作，她不知道该不该下班，就悄悄打电话给有职场经验的朋友。有经验的朋友说："你看看，要是还有比你职位低的人在工作，你就要留下；要是现在留下工作的，只有比你职位高的人，那你就可以下班了……"现在，她很享受上班的生活。

蒋方舟的工作地点是《新周刊》的北京站，北京站人不多，一共10个记者，她的主要工作便是每周开两次会，然后采访、写稿、改稿。偶尔她也会接触一些公关的工作，有些广告主要做软文采访，就会点名蒋方舟："你们不是有个年轻的副主编吗，让她过来采访吧。"蒋方舟自我调侃道："搞得我有时候就像青楼的头牌。"

更多时候，蒋方舟依然要小心翼翼，比如经常有这种情况："对不起，能不能采访你，五分钟就好，就在你家楼下了。"但诚恳并不代表有好的结果。之前采访姚明，蒋方舟心潮澎湃，做了很多功课，采访时，30分钟的访谈被压缩到10分钟，而且不时被打断。结束的时候，蒋方舟对姚明说："我很喜欢你，能拥抱一下吗？"得到的答复让她倍感挫败："这个你采访提纲里没要求，还是算了。"她能感觉到自己的眼泪在眼眶里凝结。

采访杨丽萍，则成了蒋方舟人生中最漫长的一个半小时。"她不愿意涉及任何实际问题，一直在说诸如'大地是灵感的来源，土壤在诉说生命的轨迹'这样的话。到了采访最后，她都不愿意搭理我了，我还头皮发麻地抛出一个又一个问题。"蒋方舟事后感慨：要在一个多小时的时间里走入他人的内心，是根本不可能的。如果一个人在半小时里就向你展示他的灵魂，那这个人也是不可信任的。

现在的蒋方舟，既是作者、记者，又是编辑，已经有了丰富的工作经验。现在约稿，她都会主动帮作者争取尽可能高的稿费，特别是没什么名气的作者。同时，她觉得对作者的限制越少越好，给个主题和大概字数，要让作者自己去发挥，不能给太多的限制，尤其是观点和价值观的取向。作者稿子发了之后，要及时给出反馈。大部分编辑收了稿子就收了，顶多说个"辛苦了"。蒋方舟觉得还是要及时给评价，尤其是诚实、正面

蒋方舟语录

"黄金年代永远在身后。无人能够改变的是，时代的火车往前开——拉着那些愿意的，拖着那些不愿意的。"

的评价。她自己是作者，所以知道写完稿子之后，是很期待第一个读者给出评价的。鼓励是非常重要的，也经常被忽略。另外，蒋方舟也挺喜欢发掘新作者，平常上网看文章的时候，她会多留意新的、不知名的作者，不是老盯着那几个熟头熟面的。她觉得大部分有名的作者都被消费过度，也被榨干了。

当被问及自己给《新周刊》带来了什么变化时，蒋方舟则低调地回应，《新周刊》是本成熟的杂志，并不指望她带来什么。

蒋方舟也一度想成为闾丘露薇、法拉奇之类的传奇记者，可工作久了，这种想法也变了。她觉得自己可能只是一个合格的职业新闻人，因为这取决于什么样的事情让自己真的觉得快乐。完成一个采访之后，她不会感到真正的快乐，写完小说之后却能感到一种由衷的成就感，这种成就感和快乐是诚实的。

蒋方舟最不希望别人看她的时候，觉得她的脑门上刻着“神童”二字，也不希望别人在心里给她挂上一个“副主编”的头衔，她最希望的还是当个“写小说的”。在她看来，如果没有小说，那写作者归根结底还是个“眼高手低”的人。

也是女孩

第一次看蒋方舟文章的人，总感觉文章背后码字的人是一个六七十岁的严肃老头，说不定没事还喜欢抠抠脚丫子，但当得知蒋方舟的年龄及经历，则会咂舌不已，觉得这个姑娘很了不起。无论是崇拜蒋方舟的人，还是批判蒋方舟的人，脑海里对蒋方舟的印象就是一个口气老成、面孔稚嫩、看不出七情六欲的丫头。

蒋方舟曾经遭受不少揶揄。网络红人东东枪把蒋方舟戏称为“三个代表”：这个生于1989年的女孩，有时候代表“80”后作家，有时候代表“90”后作家，有时候代表女性作家。刘瑜则觉得蒋方舟身上的标签多得已经沉重：“你是肩负20年（“80”后、“90”后）的代表角色，还没有写出自己最满意作品的时候就已经成为代表了，所以我挺同情你的。”她在同学们眼里是一个很强大的人，社会活动很多，心理健康，成绩还不错，是无敌女金刚。

蒋方舟每天都会在新浪微博上搜一遍自己的名字，如果是批评的，她首先就想：这是有道理的……然后再去慢慢辩驳。至于说一些名称和外号，她就不在意了。这都是别人取的，也不会征求她的意见。但是“天才少女”“神童”的帽子一旦扣上，就无形中在蒋方舟与他人之间砌上了一道坚硬的墙，大家都在心里默认墙那边的蒋方舟是什么样子，对真正的蒋方舟却没有多少了解。

“但是我觉得好需要保护啊，需要一个心理上、专业上、写作上等方面都能够保护我，且一抬头就能看见他在哪儿的人。”蒋方舟曾经这样回应记者。

大家差点忘了，蒋方舟还是一个女孩，并不是什么“金刚”，她跟普通的女孩没有多大差别。每天早晨她都得先上一遍淘宝，看看关注的店铺有没有上新，然后才能写作。衣服、包、洗漱用品，关于生活的一切她都用网购解决。有一年，她在淘宝上花了一笔六位数的巨款，被母亲尚爱兰划入“剁手党”行列。母亲搬到北京来和她同住，没收了她的网银U盾，每个月往她的支付宝里打2000块钱：“预防腐败从制度做起”。蒋方舟经常查看推荐护肤品和衣服的微博账号，但只是悄悄关注。

但也并不是所有的人都忽略了蒋方舟女性的一面。曾经有一个男生，看了蒋方舟的博客，喜欢上了她，给她废弃的邮箱发了三四年邮件，去她常去的书店希望认识她，打听到她的号码给她发短信，最后自费出了一本关于她的书送给她。

蒋方舟希望自己的男友是正直、宽容、果敢、保持一点孩子气的人。不过，也要等理想的男友真正出现了之后，才会将这些品质坐实。无论有没有男友，她希望自己都是个自给自足的小宇宙。自己强大了，对男友的要求会越来越少，不会要求别人做办不到的事情。

墙壁是门

蒋方舟语录

“对一个人，巨大的安宁与幸福，往往来自于对“献身”行为的享受和自我欣赏，而不是来源于索取。”

蒋方舟出生在湖北的一个小城市，家里人都是铁路系统的。这个系统非常封闭，几乎买断了一个人的人生。她的很多小学同学，现在已经像他们的父母一样，进入铁路系统工作，

成了优秀的铁路职工，一生大概都不会离开那座小城市。

蒋方舟放假回家和他们聊天，他们以为蒋方舟是要给他们做励志演讲，便以一种戏谑的态度面对她。他们会表达自己对生活的愤懑与不满，说自己原来的理想是能够去一线城市当白领，而他们现在也自视为不想改变什么的社会底层，看他们的表情、听他们说的话已经跟他们的父辈差不多了，包括对待社会的态度、对待自身的态度。他们羡慕蒋方舟能够离开这所鸡犬相闻的小城，去大都市北京，前途无可限量。

而他的高中同学大多是“富二代”，家中有比较良好的经济基础供他们享受青春。蒋方舟与他们在网上相遇的时候，他们中的很多人都已经出国了，也劝她出国，还说：“中国什么都不好，出去了你就不再想回来了。”

在蒋方舟眼里，她的小学同学，那些一辈子也许都生活在故乡的年轻人们，认为自己起步慢、起点低，永远不可能赶超，因此放弃了，把自己视为社会的底层而在后面慢慢踱步；而她的高中同学，看不起这场游戏，所以干脆离开运动场——不陪你们玩儿了。

蒋方舟觉得，年轻人一定要清醒地成长，不能因为形势的变化而改变自己的志向，而是要有脱离形势轨道的勇气。她接触过许多与众不同的年轻人——有的高中生放弃了名校，去就读企图建造乌托邦的南方科技大学；有的大学生，刷海报、拉选票，去参选人大代表；有的师兄师姐毕业了，也放弃名校、外企这样的选择，去做一些他们认为能够改造社会的事情。

蒋方舟认为这才应该是年轻人的姿态。她曾在博客里发表《所有的墙壁，其实都是门》一文，正是想向年轻人吐露自己对于年轻的看法。

这个少女在成长，而且成长的速度超乎我们的想象。生活确实很能磨砺一个人，能潜移默化地改变一个人的心境。人们都说“早开花早败”，这句话在她身上是极不成立的，因为她始终坚持如一，她的写作理想始终没有变。

> **蒋方舟语录**
>
> “站在岌岌可危的高台上，居高临下地扫视，让我们获得了巨大的满足。盲人的国度里，独眼人就能称王，因为他拥有了自由。”

她 12 岁的时候就在自己的书的序言中写

道："我出名后，就在最巅峰的时候隐居起来。这样的话，我在人们的心目中永远站在最高峰上。我隐居起来后，就慢工出细活，几个小时创作出一部举世闻名的著作，又用一个毫不相干的笔名发表。这样就算写得不好也没人怪我。后来这个没有名字却有很多著作的才女就成了蒙着面纱的蒙娜丽莎。等我临死的时候，我就支支吾吾、勉勉强强、半死不活地说：那个人就是我。"

而现在的她也说："未来的我，更多地希望自己能够隐身在作品后面，而非自己站到台前吆喝自己的书，讲得更多的却是自己所经历的事和对其他事的看法。大家看看我的书就好了，不用看我的人生经历，不用看我长什么样，自己不用以一个新闻人物或者以一个作者的身份展现在读者面前。我希望的是，作者死去，作品活下来，更多人通过作品来了解我、来猜测我。"

原来，她的理想一直都没变。她觉得，所有的墙壁，其实都是门。

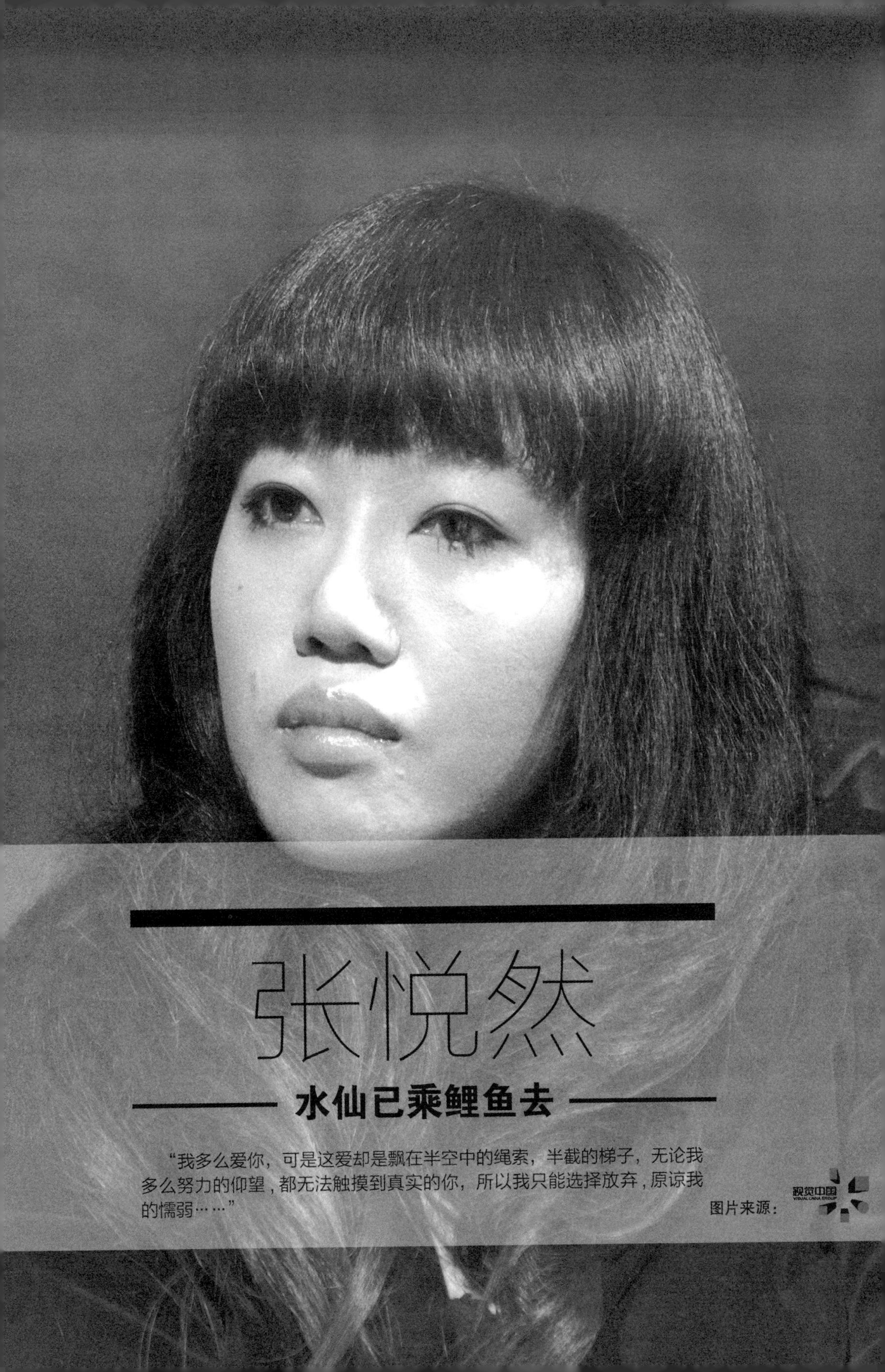

张悦然

水仙已乘鲤鱼去

“我多么爱你，可是这爱却是飘在半空中的绳索，半截的梯子，无论我多么努力的仰望，都无法触摸到真实的你，所以我只能选择放弃，原谅我的懦弱……”

图片来源：视觉中国

1982 年 11 月 7 日，出生于山东济南。

2000 年，张悦然的作品《黑猫不睡》刊登于《萌芽》，《萌芽》的论坛上有很多读者热烈地讨论这篇文章，《新华文摘》等国内媒体都转载了这篇文章。

2001 年，张悦然复赛作品《假如明天没有太阳》获第三届“新概念作文大赛”一等奖。

2014 年 8 月，《鲤》全新改版，比原来更加关注社会，更加关注年轻人的生活状态，例如关注都市租房的文艺青年族群。

2013 年，张悦然担任中国人民大学文学院讲师，并于 9 月份开设短篇小说鉴赏选修课。

ZHANGYUERAN

张悦然

大事年表

2002 年，被萌芽网站评为“最富才情的女作家”“最受欢迎女作家”。

2003 年，在新加坡获得第五届“新加坡大专文学奖”第二名；获得《上海文学》“文学新人大奖赛”二等奖。

2004 年，获第三届“华语传媒大奖”最具潜力新人奖。

2005 年，获得春天文学奖。

2006 年 12 月 15 日，“2006 第一届中国作家富豪榜”重磅发布，张悦然以 300 万元的版税收入，荣登作家富豪榜第 23 位，引发广泛关注。最新长篇小说《誓鸟》被评选为 2006 年“中国小说排行榜”最佳长篇小说。这本书叙述了一个历经海啸、饱受磨难的美丽女子，为了找回记忆中的美好，寻觅黑暗中的宁静，最终刺瞎自己的双眼的凄美故事。

2008 年，张悦然以《月圆之夜及其他》一文获得 2008 年度“茅台杯”人民文学奖优秀散文奖。主编杂志书《鲤》上市。

文学基因与生俱来

若你认为能写出如此华美、忧伤的纯情故事的张悦然必是青涩含羞的小女孩，那你的判断就错了。眼前的她或许会穿着一袭水绿色薄衫，面如桃花，留着黄褐色宛如埃及艳后般的发型，神情自若、谈吐悠然。落落大方的她根本不是你所想象的那样青涩。

这么久以来，张悦然一直被我们念叨着——提到新概念，我们第三个想到的就是她。作为与韩寒、郭敬明齐名的获奖者，张悦然的成长轨迹与前两人还是有较大差别的，在韩寒、郭敬明做电影的时候，张悦然依然在埋头写字。张悦然有着温情的一面，也有着犯颜直谏的一面。她始终保持着对纯文学的追求。

有梦少女

与许多“80”后作家相似，张悦然成长于优越的家庭环境，父亲是中文系教授。小时候，父母对她有很多期望，送她去学过画画，也学过弹琴，还让她接受书法教育。有些她做得还不错，但经常是很不投入。当时她非常茫然，不知道自己最想做的事情是什么。她很想告诉父母，她不喜欢学这么多东西，只喜欢坐在那里发呆。后来她知道这是一种做梦的表现，她从小就喜欢一个人发呆、做梦。这些梦后来被张悦然写进了自己的文章。从 14 岁起，她开始在《萌芽》《芙蓉》上发表作品。

张悦然就读的高中是全国重点中学山东省实验中学。这所中学的校规是出了名的严格，可是三年里她没穿过一个整天的校服，每星期五分钟的升旗仪式一结束，就会换上自己设计的服装，比如一条红绿大花的裤子，两只不同颜色的鞋，头上的辫子数与年龄相同。张悦然曾用“嚣艳”一词形容自己，这真是再贴切不过了，那时她的装束非常另类。

毕业那天，校领导叫住她：“我注意你三年了，今天终于忍无可忍。你为什么要扎一头辫子，穿那么高的鞋？要不是你成绩好，早就把你当典型了。”张悦然感激地说，三年来校领导只是把她当成一个淘气作秀的小女孩在容忍，丝毫没有伤害过她。其实，那时候的她完全不自信，不知道自己有多少魅力，所以只好用外在的东西把自己装点起来，以示与众不同。

那时候的张悦然就像很多青少年一样，很渴望跳出人群，并让别人看到自己。

参赛经历

山东省实验中学很重视新概念作文大赛，这所学校被《萌芽》杂志社授予了“荣誉单位”的称号。张悦然参加“新概念”的时候，学校是让每个人都交稿的，一起寄出。当时，张悦然交了两篇，一篇是获奖的《陶之陨》，另外一篇则是《黑猫不睡》。《黑猫不睡》一文引起了相当不错的反响，《萌芽》的论坛上有很多读者讨论这篇文章，《新华文摘》等国内媒体也都转载了这篇文章。

复赛通知书 12 月份寄到张悦然的家里，第二年 1 月份她去上海参加复赛。复赛考了四个小时，很多人都不适应当年的题目《假如明天没有太阳》。上海的冬天很冷，来自北方的张悦然第一次体会到冬天的冷，穿着羽绒服的她，冻得几乎写不了字。

或许这种写作环境挺适合冷思考吧，张悦然在参赛文中写到自己对成长的感觉，这是一个少女在纸上留下的成长痕迹：“假如明天没有太阳，那么至少还有后天。相信许多人都会这样安慰自己。可是真正可以隔着明天期待后天的人就寥寥无几了。这正如我们都知道熬过‘万恶’的高三，等待我们的将是比天安门还宽大的大学校门，但是我们的今天仍然会有疼痛。这种疼痛也许并不源于高三，而仅仅是因为我们骤然长大，骤然脱掉了那件名叫‘孩子’的庇护外衣，所以大家都很不适应。这种疼痛来自成长。”

在这次比赛中，张悦然获得了A组一等奖，从而获得了保送到清华大学的资格。

出国留学

获奖之后，张悦然蛮开心的，不用参加高考的她疯玩了几个月。不想4月份的时候，教委一纸文件下来，除了奥林匹克竞赛获奖者可以保送外，其他一律取消。得知这个消息时，她有一种一脚踩空跌落万丈深渊的感觉。张悦然原本是个成绩很好的理科生，学习也很刻苦，放松的这几个月对她的成绩造成了极大的影响。措手不及的她在慌乱中考上了山东大学，学习文学专业。她觉得，如果没有“新概念”，她会踏踏实实地复习，肯定会考得更好，或许会顺利考上清华、选择了别的专业。因而后来张悦然在接受记者采访的时候，还会埋怨是“新概念”害了自己，那低沉的声音让人不难读出其中的失落。

当听说新加坡国立大学到济南招收理科生时，沮丧的张悦然是怀着一定要走的心情去考的。她说，如果这次没考上，她还会出国，因为她是带着恨在考数学、英语、物理、智商、面试等。这次张悦然如愿考取新加坡国立大学，读的是与文学相去甚远的计算机系。出国前，她的辫子一直都是妈妈给梳，独立性这么差的孩子怎么让家里放心？但她坚持要走。上飞机的那天，妈妈竟脆弱得不敢靠近她。

到了一个全新的环境里，张悦然多少有一点自闭，她形容这种感觉时说：“就好像为什么英国人总是谈天气，可能就是这样，因为说不到很多的话题，见到别人的时候你就很惶恐，你见别人的时候想说什么不能说，所以总是有

张悦然语录

“我多么爱你，可是这爱却是飘在半空中的绳索，半截的梯子，无论我多么努力的仰望，都无法触摸到真实的你，所以我只能选择放弃，原谅我的懦弱……”

这种自己在房间里面的感觉。”

去新加坡念书对张悦然来说是一个不错的选择，因为留学生活给了她十分恬淡的心态，让她少了很多浮躁。她的生活里非常少有聚会和各种热闹的场面。很多时候，她都是一个人或者和很少的朋友在一起，这让她有更多的时间去思考。不过，寂寞对写作来说并非坏事，正如张悦然自己所感觉的那样，作家还是需要感觉到自己与这个环境及外界的不和谐，不是说幸福不幸福，就是他应该是与外界不和谐的，没有办法特别融洽、特别平静地相处。

或许因为在新加坡确实太孤独了吧，成为《新加坡联合早报》特约撰稿人并抱着几项文学奖回来的张悦然竟然感慨地说，出国后才发现，国外的生活太寂寞，少了很多热闹。以至一年后的冬天她回国，站在北京街头看两个人打架都觉得太亲切了，过去她是从不围观的，那天她破天荒地看了很久。人与人之间肯定会有矛盾、会有撕打，可她有一年没看人打架了。站在有红绿灯的路口，看着那么多的自行车浩浩荡荡地一起冲过街面，张悦然竟激动得不行。

张悦然是很感谢新加坡这段生活经历的，或许没有在新加坡上学的经历，她就不会像现在这样笃定不疑地写作了。她曾经埋怨过“新概念”，可现在看来，“新概念”也成就了她，倘若她去了清华大学，写作事业或许早就搁浅了。

时下的风光或许不如自己所期待的那么旖旎，但是请勿怨恨时下风光，因为生活就像穿梭机一样，总还是会被流水推向前的。有的人所在的河流水流湍急，那种感觉犹如李白笔下的“天门中断楚江开，碧水东流至此回”，但是这么顺利且神速地抵达，难免会在路上丢点什么；有的人所在的水流细缓，途中还有可能行到某个分叉，但是只要不失方向，总还是会到达目的地的，而且一样东西也不丢。

张悦然语录

“爱和人的关系也许就像鞭子和被抽起的陀螺，它令它动了，它也令它痛了。”

藏在心里的小太阳，从未离去

写作成瘾

很多人认为张悦然喜欢上写作是受她父亲的影响，但实际上并非如此。父亲深谙文学之道辛苦，一直希望女儿能攻理科，将来像大多数都市女孩那样当个白领。

父亲万万没有想到，自从女儿第一次驱策文字编织出梦幻故事的时候，就已踏上一条文学的不归路。或许是童年时从父亲的大书橱里翻出的第一本小说《红楼梦》种下的蛊。尚记得那一瞬间，她眼前一亮，仿佛是修了千年等到的东西，从此她的童年便被封进了书中，灵魂在无数美丽的故事中徜徉。张悦然坚持卖力地写作，父亲认为这就是不务正业，很懊恼，一度以断绝生活费要挟："你书也出了几本，可是你能靠这个生活下去吗？"她无言以对，因为此时的她并不能靠自己的稿费支撑起自己的生活，父亲说的还是有些道理的。

为了不让父亲太失望，很长一段时间里，张悦然努力控制自己不要去想写作。但是灵感就像窗外小鸟的歌声一样，从早到晚地在张悦然耳边萦绕，她喜欢这只小鸟，却不能与之亲近，只能用一扇窗户将其与自己隔起来。终于有一天，张悦然忍不住了，她推开这扇窗，呼喊着灵感的小鸟，请它停在自己的肩上。

张悦然从新加坡国立大学捧着几项文学奖毕业归来的时候，专业成绩并不好，父亲的心情跌到了谷底。父亲对她说“悦然，你走向社会，就标志着你独立了。你有选择权，要做什么，我不干涉！”

张悦然没有选择朝九晚五的白领生活，而是当起了专业作家，过上了苦行僧的生活。很快，她的小说得以出版并畅销。尽管每本销量达到 10 万册，版税收入每月也有 2 万块，但跟许多高级白领比起来，这个收入确实是不高的。张悦然并不后悔，她相信只有寄身文字，她才能得到救赎。

2005 年，一个网络刊物的出版商慕名而来，请她写点流行故事，许以千万的高额回报。她却断然拒绝。她不屑于把自己同那些一日生产数万字、一年收入动辄数百万的网络写手画等号。她毫不客气地说：“那些不是文学。我想我永远不会低头来制造商业文字。”

接下来的一年，中国作家协会向她抛出了橄榄枝。张悦然拿起笔毫不迟疑地填了，对外她回应道：“不就是一张表格吗？有什么害怕的？作协也需要年轻人嘛！说我归顺也好投降也好沽名钓誉也好，对好意，我总是不会去拒绝！”

自我审视

现在看来，张悦然是有着成熟心态的女性作家，她的作品能够清晰地表达出她的思想。这些都是时间、人生经历给予她的。年少时，在面临问题的时候，她也会犹豫、彷徨，甚至逃避。

在张悦然还是学生的时候，学校里有个文弱的男孩很不合群，这个男孩有很多小秘密，但是在载着这些小秘密的信被同学在全班公开朗读之后，他就崩溃了。这个男孩自杀被抢救过来以后，出现了幻听和被害抑郁症，帅气的男孩因吃药而变得很胖、很憔悴。

男孩开始给张悦然写信，期待她的拯救能使自己变得正常。他说，“我知道你喜欢村上春树……”，还说了好多好多他认为自己与张悦然的共同之处。事实也是如此，此前从没有人这么了解并打动过张悦然。最后他引用了英国诗人奥登的一句话：“让我们相爱，否则死。”这句话后来多次被张悦然写在小说里。

面对这个把自己看作知音的男孩，张悦然一直在躲、一直在逃避，尽管她打心眼里同情他，但是表面上还是对这个男孩很冷漠，这种状态一直持续到张悦然出国。

当她从国外回来的时候，男孩已经非常坦然地接受了现实。他与曾经的自己判若两人，变得开朗，而且很绅士，周围的人也跟他相处得很好。可张悦然却很愧疚，觉得自己没有帮上他什么忙。回来看到男孩的现状，她仍不知道该怎么处理这样的事情。

还有一件事情是在印尼发生海啸后，张悦然原本是抱着同情他人的心去的，没想到遇上了3月26日印尼大地震。在安达曼海上，她和另外三个人在一艘小船上漂流了一夜。整整一夜的无助与恐慌，成了她刻骨铭心的记忆。那一夜，她突然想写一个故事，也许人可以不在了，但属于这个人的记忆应该留下来。尽管她知道写一个失去记忆与找寻记忆的

张悦然语录

“岛其实是海洋的一块伤疤，海洋漫过来，只是想要覆盖它，使它再度平整、光滑。所以，请不要害怕。”

故事很俗套，但因为有了那不同寻常的一夜，有了迫切想要把记忆留下来的心愿，她还是选择了这个主题。

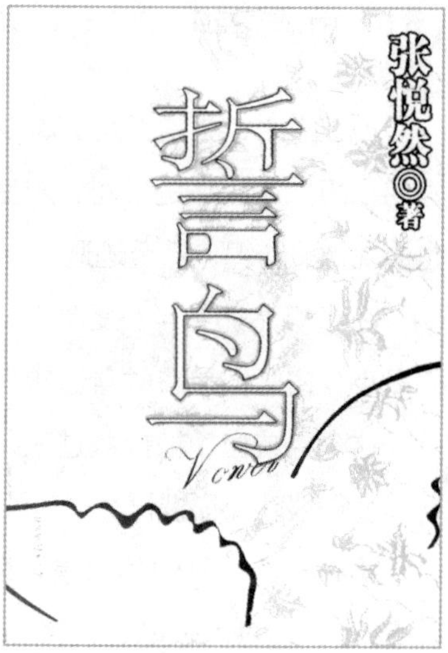

经过两年的自我审视、剖析，2006 年 10 月，她终于将《誓鸟》放出自己的脑海，一飞冲天。这一年《誓鸟》成为畅销书，光版权就卖了一百多万。这本书叙述了一个历经海啸、饱受磨难的美丽女子，为了找回回忆中的美好，寻觅黑暗中的宁静，最终刺瞎自己双眼的凄美故事。我们在深深地被这故事打动的同时，也不难发现张悦然已经成熟了。

北川救援

2008 年四川大地震后的第三天，张悦然把稿子一扔，便拖着行李，火急火燎地赶去了北川。她不惧怕苦难，怕的是自己的心逐渐变得麻木。

一踏入满目疮痍的北川，那充盈天地间的悲伤便强烈地震撼着她那颗敏感而细腻的心。她参加了救援队伍，记录北川惨况的打算一下丢到了脑后。

脚底磨出泡，手磨出了血，冷馒头兑开水，张悦然毫无怨言。她知道，哪怕救活一个人，多出一份力，都胜过那些叫作文字的东西。为当地小朋友刷牙、做饭，从小在城里长大的她，做起这些事是那么自然，没有一点做作。面对一个个可爱的孩子，她把他们揽在怀里，真情流露，一脸的慈爱。对她而言，参与救灾并非就“高尚”，这更像是一段自我洁净的灵魂之旅。

灾难之后，明星一拨拨地跟进演着慰问秀。对此，张悦然第一次当众撕破了脸：“我们是否可以悲伤得更安静一些？这种过于热闹和嚣噪的悲伤，完全是亵渎每个善良的灵魂！不要让灾区变成一个巨大的秀场。”

从北川回来后，张悦然不再打算写什么。她知道苦难与人类总是如影相随，却一点不美丽。那些缤纷的文字，在复制悲伤时，都是伪劣而可笑的。

鲤·引导

2008年春天，张悦然为“80”后量身定制的文艺杂志书《鲤》上市了。《鲤》杂志通过讨论来确定选题，话题是文学领域可以探讨的、离读者很近的话题。《鲤》的组稿形式是约稿，不接受读者投稿，若是有读者发邮件来投稿，张悦然都会推荐到其他地方去。《鲤》的每期主题都跟读者有关系，但是张悦然认为，在文学标准上，是一点都不能降低的。

《鲤》的主创团队有四个人：张悦然是主编，在北京；周嘉宁是文字总监，在上海；另两个编辑也在不同的城市。他们没有办公室，通过网络办公，Skype开会，以自由舒适的方式来工作。

之所以策划这一系列的主题书，张悦然表示：“20世纪80年代出生的人，不再是孩子，他们读书，除了消遣和打发时间之外，应当还需要得到更多的东西，比如知道周围的人怎么想，知道自己的处境，解开内心的困惑等。我们不想抛给他们一颗甜的糖果，让他们继续缩在孩子的壳子里做不切实际的梦。我们想给他们一面镜子，让他们看见自己，也看见周围的人。”杂志书中除了纯文学作品外，还加入了采访、电影、音乐、衣装、饮食男女、星座等生活时尚元素，但张悦然强调该书是要给读者带来思考和辨析，让他们认识另一个自己。

第一本《鲤》的主题是“孤独”。张悦然表示：“孤独是所有人都可能面对的问题，而20世纪80年代出生的人，尤其严重。他们是独生子女，童年的回忆里，充满了孤独的色彩。他们的阅读，他们的成长，无一不和孤独连在一起。孤独也许是没有办法克服的顽疾，可是它最需要的，是分享。所以，这本书的出发点是，以分享的姿态，去抚慰那些孤独的心灵。”

张悦然语录

“我觉得我们都很狼狈，因为我们很孤独，可是力气耗尽了，没有能力相爱了。”

办杂志一直是张悦然的心愿，她办杂志书

鲤
暧昧
张悦然 主编
Ambiguous

鲤

鲤

鲤
NEWRITING
谎言
LIARS

鲤
NEWRITING
嫉妒
张悦然 / 主编

上瘾
鲤
NEWRITING

鲤
NEWRITING
逃避
PHILOSOPHY OF ESCAPISM
Nick Cave
http://winusfly521.blog.sohu.com

鲤
因爱之名 IN THE NAME OF LOVE
张悦然 / 主编

鲤
NEWRITING
最好的时光

《鲤》就是想让一群志同道合的人在一起交流、分享与进步。她有个想法，希望可以让更多有文学才华的人留在写作的道路上，一直写下去，如果所有的杂志都可以提高稿酬，也许依靠写作生活对他们来说，就不再是不可想象的事。在《鲤》当中，小说的稿费是每千字 200~250 元。有的作者同时参与《鲤》的其他栏目，一期稿费有时可以拿到四千元左右。

2014 年 8 月，《鲤》全新改版，比原来更加关注社会，更加关注年轻人的生活状态。《鲤》一直都有一个明确的主题，这个主题便是“引导”，引导迷惘的青年们。

如今的张悦然还在中国人民大学讲课，课程与小说有关。张悦然觉得这种

状态很好，可以将自己对小说的理解和比自己年轻的人交流。她希望多一些人喜欢文学。张悦然相信，她也能从其他年轻人那里学到东西。她觉得自己特别需要实实在在的生活，去教一门课，在教室里体会一个教师的角色，这就是真实的生活体验。

作家林白曾感叹：“张悦然的前世大概是一株葵花吧，灿烂、美好、蓬勃，怀抱热烈的爱情。她的文字和想象力散发着光芒。”

在文学的路上，张悦然的确是一株葵花，一株缓缓抬起头的葵花，抬起头是因为她看见了太阳，以及太阳里藏着的爱好与愿望。太阳的光芒她无法拒绝，也不想拒绝，那种感觉不可以用金钱来衡量。

假如明天没有太阳，她依然会抬起头，呈现出向上的姿态，因为有一颗小太阳一直藏在她心里，从未离去。

张嘉佳

让我留在你身边

“我希望有个如你一般的人。如这山间清晨一般明亮清爽的人，如奔赴古城道路上阳光一般的人，温暖而不炙热，覆盖我所有肌肤。由起点到夜晚，由山野到书房，一切问题的答案都很简单。我希望有个如你一般的人，贯彻未来，数遍生命的公路牌。”

图片来源：视觉中国

1980 年，
出生于江苏南通。

1999 年，张嘉佳考入南京大学信息管理系。上大一时，他就身兼四大学生社团的创始人，并自导自演了多场学生话剧，发表了近百万字的文章。从大二开始，他在南京、上海、北京的一些电视栏目里做兼职工作，担任过杂志主笔、电视编导、专栏作家等，在《超级震撼》节目组工作过。

2003 年，大学毕业后，张嘉佳作为电视编导，参与了南京电视台《震撼星登场》、江苏电视台《欢乐伊甸园》等多档节目的制作。

2015 年 1 月，张嘉佳出席电影《摆渡人》在北京召开的新闻发布会。这部根据张嘉佳小说改编的电影由王家卫监制、梁朝伟主演，张嘉佳担任该片的编剧和导演。同时，光线传媒发布消息，由张嘉佳编剧监制、张一白导演的同名电影《从你的全世界路过》提上日程，预计 2015 年年底上映。1 月 7 日，张嘉佳获得 2014 中国书业年度畅销书 & 年度作者。1 月 10 日，在深圳获得金蔷薇奖“年度最佳作家”。3 月 11 日，《从你的全世界路过》繁体版上市，在台湾各大图书榜单位列第一。4 月 3 日，《从你的全世界路过》获得 2014 年度中国好书。4 月 11 日，《让我留在你身边》获得第六届“中国图书势力榜”年度好书。

ZHANGJIAJIA

张嘉佳

大事年表

2005年，张嘉佳出版个人第一部长篇小说《几乎成了英雄》。这部作品是张嘉佳以自己的大学生活为蓝本创作的一部跨越时限与空间的奇幻小说，首印销量达到10万册。

2007年，张嘉佳在网络上发表小说《小夫妻天天恶战》，用实录的手法描写了一对夫妻的吵架情景。《小夫妻天天恶战》在BBS连载后，第一天点击3万，第二天20万，第三天50万，第四天78万，第五天94万，第六天108万。全网点击破8000万。

2010年，出版小说《情人书》。

2011年，张嘉佳首次担任电影编剧，凭借《刀见笑》获得第48届金马奖最佳改编剧本提名。

2013年7月起，张嘉佳在微博上发表33篇睡前小故事，这个系列的微博被转发超200万次，超4亿人次阅读；同年11月，这些故事结集成书籍《从你的全世界路过》出版。在书中，张嘉佳讲述了33个平凡人的生活情感故事。该书上市后连续两周位居当当、亚马逊和京东三大网店的图书总榜冠军位置，上架6个月销售就超过200万册，至今总销量超400万册。在全国巡回16城的19场签售中，该书共签出16万余本。

2014年3月，张嘉佳的作品《从你的全世界路过》入选"第五届中国图书势力榜文学类十大好书"。6月，在北京举办"《从你的全世界路过》畅销200万册庆功酒会"。7月21日，张嘉佳的作品《让我留在你身边》正式预售，预售当天在亚马逊图书榜单上排名第一位。该书以金毛狗子梅茜的口吻，讲述狗子眼中的人间，收录了37个从梅茜角度创作的故事。12月11日，《从你的全世界路过》获得亚马逊年度图书总榜第一、kindle年度电子书收费榜第一、京东年度青春小说榜第一，张嘉佳获得亚马逊年度畅销书黑马作家排行榜第一。12月21日，张嘉佳荣登第九届作家榜榜首。

叛逆的少年时光

纨绔少年

张嘉佳从出生到上高中之前，都生活在江苏南通通州市姜灶镇。在他的记忆里，那个坐落在苏北靠海地方的小镇有一条马路横穿镇子，以小学和市集为中心，扩散为数不多的街道，然后就衔接起一片片田野。

稻田、河流、村庄的炊烟、金灿灿的油菜花贯穿于张嘉佳的童年生活；抓知了、摸田螺、偷鸭子，率领三百条草狗在马路上冲锋，是他念念难忘的日子；疯子、神棍、村长、叫卖的货郎、赶集的大婶、赤脚被拿着刀的老婆追了一条街的大叔在他的脑海里烙下了深深的印记。

早在四岁时，张嘉佳就读完了《神雕侠侣》，还看得泪流满面；在姜灶小学读三四年级时，但凡参加书法比赛，他的成绩都是前三名，作文比赛更是稳居榜首。“早慧”的张嘉佳心中得意，“那些书上的字，原来我都认识啊”，于是他迷上了踢足球、玩游戏机，还经常逃课，成绩差得令当时从事初中数学教学工作的母亲和时任金乐乡乡长的父亲羞愧。初中三年，父母帮他调了三所学校，直到初三时，他来到了母亲担任校长的姜灶中学。当时连26个字母都不会的张嘉佳发现，自己再也逃不掉了。他曾回忆初三时的情景：“那时我在上课，我妈就在对面楼的楼上透过窗户盯着我。”

正是因为老妈日复一日的望眼欲穿，张嘉佳才得以升入通州高级中学。

一匹黑马

高中时期，因为摆脱了老妈的束缚，张嘉佳成了一匹脱缰的野马：和同学翻墙出去打台球成了他的主要生活。那时他的成绩波动很大，数学这次考 148 分，下次却可能考 78 分。只有作文比较稳定，经常满分。1998 年第一次参加高考，张嘉佳化学考试的答题卡没填涂准考证号，这一科没有成绩，高考的总分只能上“二本”。家里人商量了一下，决定让他复读一年。

张嘉佳在张芝山镇高级中学复读了高三，复读期间还是很活跃。当时，朋友怂恿张嘉佳追他们班一个很漂亮的女生，张嘉佳就开始写情书给人家。女孩给他回信了，一副痛不欲生的架势，表示高中不想谈恋爱，还说了很多对不起张嘉佳之类的话。张嘉佳丝毫没有把女生的回信放在心上，而是请朋友帮忙把她约了出来。见面后，两人靠在栏杆上，聊着聊着，发现头上在滴水，一抬头，发现是四楼的人在往下洒水，营造“雨中浪漫”。女生拒绝了，理由是“马上要高考了，不谈不谈”。

复读时他没寄宿，而是住在学校教师楼边上的一栋两层小土房里。楼上住的是张嘉佳，楼下住的是退休老校长。这是一栋“永远有电，永远有水，通宵看武侠书从来不用手电筒，想回就回，想走就走”的小楼。张嘉佳回忆说：“确实如小说里所写的，有推开门来送早饭的女生，有我的初恋，时间都用去谈恋爱了。”即便高三复读的日子，他都沉浸在初恋的快活中。但就是这样，他最终却出人意料地考上了南京大学。原来他不仅是一匹野马，同时也是一匹黑马！

在别人眼中，中学时期的张嘉佳真的很叛逆，但他认为叛逆是反家庭、反社会的人格，他自己只是做着大家年少轻狂时都想做的事。他是一个很讲原则的人，虽然曾与老妈斗智斗勇，在生活中上演猫捉老鼠、老鼠戏猫的游戏，但是张嘉佳最终还是考上南京大学这所无数学子向往的高等学府。张嘉佳常常对人说：“东西可以乱吃，生活可以瞎折腾，但是做人三观要正。平时可以看没品位的笑话，聊没下限的事，但纯属娱乐，不能当真。”

大学经历

进入大学后，张嘉佳很快就成了学校里的风云人物。大一那年，他组织过话剧社，还创立了其他社团，比如漫画社、集邮社、棋协等。新生入社团，每个人交 2~5 元会费，会费收到后，大家吃吃喝喝一通，日子也就糊弄过去了。

大一那年，话剧社排了一部重头戏，花费两百多元。当时，200 块钱在学生们眼中算是巨资了，为此社员们还出去拉赞助。当时，有家眼镜店挺火的，赞助了 200 元，提出想进入学校摆摊宣传的要求。后来，眼镜店派了三个工作人员到浦口校园摆摊，结果被学校某个部门赶了出去。眼镜店还找张嘉佳的麻烦，说赞助了 200 块钱为什么不让摆摊。

张嘉佳个人参与制作的话剧就有 5 个。那时，来看话剧的人比看电影的人还多。300 座的厅，经常挤进来 500 多号人。看话剧都是免票的，因为办社团收会费的影响太恶劣了，有人说张嘉佳是骗子，让新生不要理他，张嘉佳便发誓，只要他制作的话剧，都不收门票。

张嘉佳大学的时候生活并不富裕，他回忆大一的生活时说："大一时，家里给的生活费都是一次给全一学期的，经常一两个月就花完了。到了学期结束前一两个月，身上却没钱了。印象最深的是，整整一个星期，整个宿舍一点吃的都没有。上午不上课就靠睡觉度过，中午醒过来，去水房喝点自来水。"

这样熬了一个礼拜，他们系的班长替男生们去女生宿舍楼挨个敲门，讨要吃的，结果各个省的土特产装了一个大袋子，几个人一顿就吃完了。因为吃得太杂，当天晚上几个人全都拉肚子了。后来因为生存条件太差，有一个人就换到另外一个宿舍，走前唯一的感慨是："这个宿舍不能待，感觉就是贫民窟。"

大一、大二时，张嘉佳创造了南大学生中上课最少记录；大二时他跑出去上班做活动，理由是"学费早就花光了，不赚钱怎么办"，其实他工作不仅仅是因为这个，那时他听一个女

张嘉佳语录

"爱情令人飞蛾扑火，也许是灭亡，在死去之前，谁也不能断定，它扑向的，或者才是光明。"

生说自己是个文人，将来不可能有前途，于是便一气之下挣了 4000 块钱以反驳。

张嘉佳当时上班熬夜熬得很凶，经常到早上 5 点多钟才下班。“非典”来了，学校规定所有的学生都必须回学校住，张嘉佳想继续在外面租房，老师没同意。回到宿舍后，他发现宿舍里的情况依旧。看着上铺的胖子，依旧是上午喝喝自来水，起来去打星际争霸，打到熄灯，什么也没吃。他实在看不下去了，便去食堂买了很多包子回来，给这群饥饿的室友吃。

可张嘉佳最终英语四级、计算机二级都没通过，连学士学位也没拿到。

困顿处境

大学刚结束那阵子，张嘉佳不想依靠家人的帮助，工作也一直没有着落。当时，他跟别人合租了一套房子，只能在电脑前敲键盘以码字为生。他写的第一本书《几乎成了英雄》交给朋友处理出版相关事宜，结果在第一次签售时，没有等来读者，却等来了扫黄打非办，因为朋友买来的是一个假书号。之后，第二本长篇小说《情人书》，也因出版商失恋临时周游世界去了而没有上架。

最穷的时候，他连房租和电费都交不起，跟室友一个星期没吃饭，靠喝自来水撑着。最后实在撑不住了，两个人翻箱倒柜地凑足几毛钱买了两个花卷，拿着花卷到隔壁大学食堂喝免费的汤。

愿做个逗号，待在你脚边

意外走红

2013 年 7 月，张嘉佳在微博上发表了一系列“治愈系晚安故事”。这些故事在网上迅速流传，几周内便有了上百万次转发，两百万粉丝视之为睡前必读文字，有超四亿次的阅读量。

2013 年 11 月，这些故事结集成书，这就是《从你的全世界路过》。书中收录了 33 个让人心动的情感故事。张嘉佳如此描述自己的这部作品：“我希望写一本书，你可以留在枕边、放进书架，或者送给最重要的那个人。希望通过这些故事，能给喜欢的人一点点力量，一点点面对自己的力量。因为在过去的岁月，我们都会想去拥有一个人的全世界，可是只能路过。”

张嘉佳没想到，自己的书一上市竟然会卖得那么好。2013 年 11 月 1 日上架，当天 12 点当当网就断货了，晚上 7 点亚马逊断货，这就是后来所谓的“20 万首印一日告急”。这本书一周内狂揽各大图书网站销量排行全榜和总榜第一，成为 2013 年的文学神话。接着，该书一直处于断货的状态，印刷厂的同型号纸张都不够了。

这本书也创造了被改编成电影最多的纪录。书中的五个睡前故事都已被影视公司购买拍摄版权，导演陈国富、宁浩、王家卫都将与张嘉佳合作。王家卫是张嘉佳的偶像，张嘉佳说自己从没想过有这样一天，王家卫会打电话给他，问梁朝伟适合演睡前故事里的哪个角色。

疯狂签售

在南京先锋书店举办的《从你的全世界路过》签售会场景非常壮观，书店门口被粉丝们围得水泄不通。粉丝们在寒风微雨中苦苦等候入场，几乎占满了人行道，书店门口呈现出一片花花绿绿伞的海洋。书店里人山人海，一排排整齐的书架旁排起了无边无际的签售长龙。面对数千人的蜂拥而至，主办方决定直接进入签售环节。原定的记者专访及和读者的互动环节被迫取消。

张嘉佳在微博上一直很受年轻人的欢迎，他的书能有如此巨大的销量也得益于他的粉丝。很多粉丝虽然在微博上已经看过他的睡前故事，但还是死心塌地、毅然决然地掏腰包买下刚上架的新书。在先锋书店的新书签售会现场，除了新锐作家独木舟和星座达人 Alex 以张嘉佳的密友身份共同出席签售外，曾经在书中陪“老爹”张嘉佳走过全世界的金毛犬梅茜也走入现实，来到书店助阵。如此新奇而萌感十足的“三人一犬”的签售组合，更是让现场的读者们兴奋不已。两大好友的出现，使得年轻的读者们更加兴奋。在“老爹”的帮助下，梅茜更是为现场的读者们在新书上按上了自己独特的爪印签章。

好友眼中的张嘉佳真性情、爱哭；工作中的张嘉佳认真、低调；对喜欢自己的读者，张嘉佳始终全程微笑服务，他明白自己之所以有现在的知名度，完全是因为有读者的支持，所以他对读者非常好，签售中读者有什么要求，他也基本都会满足。

签售期，他要奔波于不同的城市，舟车劳顿。每次签售由于到场的读者都有数千人之多，通常一签就是七八个小时，签售经常从下午 1 点 30 分开始，一直签到晚上八九点，其间他不吃不喝，两条裤管都湿透了，还不断对读者说“让你久等了”“路上小心”。签售一结束，他整个人就崩溃了，还开玩笑说好像罚抄自己名字七万遍。

成名心态

张嘉佳把自己奔波、奋斗的经历都写在了这本书里。他把自己的故事打散了放在很多人身上。不懂的他不会写，写的都是他想说的。写下来的东西，不管是矫情还是冷静，他保证，自己就是这么想的。管春撞车时、毛毛点头时、胡言母亲去世时，他写到落泪。活在残酷世界里的唯一堡垒，就是用善良打造的温柔。

书和电影版权将给张嘉佳带来超过 1000 万元的收入，但他却以“当红作家”自居，他认为自己始终只是一个“写字”的人。

张嘉佳称所谓的“成名”没有给他带来心态的变化。他很庆幸是现在这个年纪实现别人眼中的“成名”，“如果年轻一些，我可能会浮躁，会想着马上去买车子、房子，去玩儿，但现在不会”。

张嘉佳曾以电影《刀见笑》编剧的身份获得金马奖最佳改编剧本提名，可是一共有 5 个编剧被提名，其中 4 个都拿到了奖，就张嘉佳一个人没拿到，导演、监制都来安慰他，说明年再来，结果第二年他却研究美食去了。在他看来，既然经济不成问题，就不必那么固执，非得争个金马奖不可。他就是这样，做任何事都没有攀比、没有功利化的目的。

张嘉佳不避讳说自己是一个文艺青年，他认为所谓文艺是你看这个世界戴的眼镜，它能让生活更美好。他喜欢旅行，每年都有一次说走就走的旅行；他在南京市上海路经营着一家月月亏损的小店，只为让自己和朋友们有个吃喝玩乐的去处；他常泡酒吧，爱喝酒，还爱抽

张嘉佳语录

“我是狼群中最孤独的一个。战斗是为了这山林和草原，并非为狼群的生存，更不是因为老狼王的号令。在敌人和战友的眼中，我都看到敬畏与退缩。我不在乎。”

烟，举手投足间都是随性的潇洒。

他在微博上写道："小钱小酒小狗，雪糕阳光吹牛——我的生活。"这美滋滋的十六个字正是他生活的真实写照。这条微博被上千人点赞转载，也一度成为很多人的个性签名，的确代表了年轻人的向往。张嘉佳不会奔走于名利场，成名之后的他会依然跟自己的狗女儿躺在自己的沙滩床上晒太阳，心态一点都没变。

恰恰刚好

导演王家卫在看完张嘉佳的睡前故事之后戏称："写的不是33个故事，分明是33个电影剧本大纲。"

事实上，张嘉佳的故事还真是为改剧本量身定做的："过完32岁生日后我开始撰写"全世界"的故事，当时离自己上次动笔已经隔了三年多，起初是想做一系列的人物，用短篇恢复一下语感。陆陆续续写了几篇后，又有了新的想法，根据工作需要，打算做个剧本可以使用的故事。"书中有至少五篇故事被电影相中，张嘉佳坦言，每个故事3000多字其实是标准的剧本大纲的写法。

张嘉佳的故事给人一种急遽的戏剧感，短短的故事里能容纳一般人分分合合的一生，总有故事能让读者在其中找到自己的模样。正是这种感觉，这本书一度成为很多人的枕边书，即使张嘉佳的故事不被出版印刷成书，想必也有不少粉丝会将其打印下来，垫在自己的枕头下，在梦里经历这一场场催人泪下的故事。

谈及创作新书的最初动机，张嘉佳说："希望通过这些故事，能给喜欢的人一点点力量，一点点面对自己的力量。因为在过去的岁月，我们都会想去拥有一个人的全世界，可是只能路过。"

正如《摆渡人》中的一段话，令读者念念不忘："世事如书，我偏爱你这一句，愿做个逗号，待在你脚边。但你有自己的朗读者，而我只是个摆渡人。"在签售时，粉丝们让张嘉佳在书扉页上写得最多的三个字也正是"摆渡人"。

张嘉佳借助《从你的全世界路过》最终路过了很多人的世界，很多粉丝吵着说："张嘉佳我要为你生孩子！张嘉佳我要和你结婚！"对此张嘉佳笑说，这对粉丝来说只是一种情绪的宣泄。

张嘉佳以其特立独行的写作方式和写作态度最终帮他在34岁出了名，一点也不早，但也一点不晚，恰恰刚好。

愿做逗号

有人问张嘉佳："为什么你的故事总是有一个哥们爱上一个妹子然后就奋不顾身地为她做各种牺牲。"面对故事遭遇的"矫情""太理想化"等质疑，张嘉佳笑说："爱情有两种能力都很重要。一种是爱对方的能力，一种是让对方爱你的能力。心灵强大，就足够无视伤害。这跟打游戏一样，一共那么多血，你不趁着每次受伤练习技术，当然死得就快。"

张嘉佳还说："说我矫情的人不理解我，比如9朵玫瑰花，只有带着矫情眼光看才代表爱情，否则你看到的就只是普通的9朵花。"

"我希望有个如你一般的人。如这山间清晨一般明亮清爽的人，如奔赴古城道路上阳光一般的人，温暖而不炙热，覆盖我所有肌肤。由起点到夜晚，由山野到书房，一切问题的答案都很简单。我希望有个如你一般的人，贯彻未来，数遍生命的公路牌。"张嘉佳的这句话在网络上被不断转发，很多人都把"我希望有个如你一般的人"作为自己的婚礼誓词，因为每个人都希望陪一个人，并且有一个人可以陪自己贯彻未来，数遍生命的公路牌。

因为这本书，张嘉佳成了一个逗号，将一直待在我们脚边，直到我们直面过去、捡回丢失的自己为止。

不是情感导师，胜似情感导师

轻松上阵

2014 年 6 月底，张嘉佳担任《非诚勿扰》的导师。很多人都会将张嘉佳与原来这个位子上的宁财神相比，张嘉佳则风趣地调侃道：“他有钱，我没有；他有老婆，我没有；他长得丑，我没有！”

在张嘉佳戏说了宁财神的“三个没有”之后，黄菡老师立马替宁财神打抱不平：“财神有聪明，你有没有？财神有一部非常火的剧，你有没有？”张嘉佳被绕了一圈之后，又把话圆到自己身上：“但是我有一本书，他没有。”

一针见血

在节目中，张嘉佳的很多话都一针见血地挑出了嘉宾的毛病。有一期的男嘉宾刘可亮一上场便高呼：“哇，美女好多啊！哎呀，这个我喜欢！”不管女嘉宾说什么，他都表示认同：“我什么都同意，女嘉宾说的都在理。只要是我喜欢的女生，什么条件都能接受。”在感情上，刘可亮只有过一段长达五年的单相思。这期间，他不停地穷追猛打，女孩去哪儿，他就跟到哪儿，可对方依旧对他冷若冰霜。而对于未来的另一半，他几乎是零要求，高矮胖瘦都无所谓。

张嘉佳听完连连摇头：“不在寂寞中恋爱，就在寂寞中变态。男嘉宾是在做一个自我包装设计，但包装得有点过了。每个人跟他说话他都会给出一个过度的反应，肢体也很夸张，追求喜剧效果。在台上完全把自己的表现当作电影在演，很不讨喜。我劝你还是做真正的自己，做自己比演自己要好。”

张嘉佳在台上话不多，显得很谦和，但他也不缺火大的时候。有一个男嘉宾身高不理想，上场后却反复强调身高不是问题，就让他心里窝火了。张嘉佳认为，男嘉宾的身高从客观上来说肯定是个缺点，如果内心够强大，是不会反复强调这不是缺点的，他就是没有接纳自己的缺点，用口号来给自己打麻醉剂。

还有个男嘉宾一上台便遭到13位女嘉宾的灭灯，一位女嘉宾一见到他便按捺不住，想送他一个猪蹄，因为他实在太瘦了。在VCR中，这位男嘉宾先阐明了自己男护士的身份，然后谈到自己与单亲妈妈的一段网恋。他表示，自己与人相处时习惯先展示缺点，然后再让人慢慢了解自己的优点。他喜欢讲道理、摆事实，特别想找一个能够懂自己的人为伴，最好能一眼就看出他是个靠谱的好男人。对此，张嘉佳分析道：“先展示优点或者缺点各有利弊。先展示缺点是零分起跳，以后你永远都是往上走的，加分；先把优点展示出来，然后就发现你其实并不完美，挺麻烦的。还是自然点好，该怎么样就怎么样吧。”

没法指教

张嘉佳的点评获得了黄菡与孟飞的一致赞同，三方配合默契，观众们对张嘉佳的印象也相当好，不少观众还将其奉为“情感导师”。而张嘉佳却表示：“个人认为感情是没有导师的，什么都能够教，感情没法指导。”

张嘉佳认为：“人与人之间的关系错综复杂，没有两段完全相同的感情。你不可能成为别人，就代表你不可能了解完全。所以说，就对每个嘉宾真诚些，唠唠嗑。更何况对于爱情的好坏，各自定义也不同，尽力陪同，不试图指导，个人观点，仅供参考。”

张嘉佳作为嘉宾的几期节目已经全部录制完成，他的作品改编的新电影也已开机，所以时间真的不允许他常驻。

但是对他来说，在录制节目的过程中看到那么多行色各异的人，也是有趣的事情。可惜没有办法透彻了解，一面之缘，相互路过。在台后，他也会和孟非、黄菡感慨，这个男孩挺好的，为什么灯全灭了？有时候想，一个完整的自己，说不定连自己都觉得不好接受，更何况别人了。所以，他觉得《非诚勿扰》那二十四盏灯，定义为欣赏的时候，每一盏都很值得珍惜。

张嘉佳觉得，世界上是有一见钟情的，但不可能每一段感情都是一见钟情，这个舞台更多的是希望能提供给双方进一步了解的机会。有一点点欣赏，你就不要放弃机会。爱情很复杂，你没法解释所有阶段的化学反应，但你可以往前走一步。爱情也很简单，留一盏灯就可能是起点。

张嘉佳路过《非诚勿扰》只是短短的两期，但是作为一个尽力陪同、不试图指导的点评嘉宾，他的很多看法都给了男女嘉宾启迪。这个谨慎而充满个性的大男孩，不是情感导师，胜似情感导师。在他的感情路上，曾经遭遇的挫折是很多人都不知道的。如今，他路过《非诚勿扰》，他的书又路过年轻读者的青春，我们慢慢接触他之后才明白，这个被媒体炒得沸沸扬扬的大男孩其实是久病成医。

张嘉佳语录

“每个人有卸无可卸的包袱，退无可退的道路，忍无可忍的眼泪，追无可追的前途。不经意就痛出望外。”

原来他曾历经沧桑

情场失意

张嘉佳的《从你的全世界路过》风靡全国，不只是因为他深厚的文字功底，更是因为这些故事源于他的人生经历，情感真实。这些经验之谈可以分享给任何一位需要情感引导的青年，几乎每一个失意的青年都能从张嘉佳的书里找到曾经的自己。

虽然年纪不大，张嘉佳却曾经抑郁了三次。第一次是在 2003 年，刚刚毕业的他适应不了社会，日日失眠，唯有靠药物控制症状；第二次是在 2005 年，因为失恋，他在一个公寓里住了半年，基本没出过门；第三次是在 2012 年，他和妻子离婚了，每天靠伏特加度日，3 个月胖了 20 斤，醉倒在酒吧和客厅不下一百次。

2010 年的时候，他邂逅了以为可以白首不相离的妻子，觉得找到了真正的情感归宿。然而，这段感情伴着一句走红网络的“如果当时我死掉了，我愿意变成一个酒窝，这样有我在的话，你就可以一直笑着”而生，又伴着一句“我们相约谁也不再提起”而终。张嘉佳如此形容这段失败的婚姻——深爱过，又散了。

在睡前故事《写在三十三岁生日》里，主人公陈末离婚了，每天靠伏特加度日，3 个月胖了 20 斤。后来，他开始了一段 400 多天的旅行，积攒了 300 多张机票和火车票。这不正是张嘉佳的生活吗?

离婚的打击一直让张嘉佳颓废着。2012 年，张嘉佳没有工作，一直在外旅行，直到花光离婚后分得的二三十万元人民币，才收拾收拾回家。但就在这时，张嘉佳突然接到母亲的电话，父亲心肌梗死，要做手术，而手术风险很大。一瞬间，真正的绝望降临。张嘉佳说：“青春期的绝望，可能纯粹是一种情绪。因为连我自己都不知道，那时候干吗要绝望。但到了三十多岁，自己离婚，父亲病重，我算是尝到了人生真正的绝望，但没有选择，必须往前走。”

人生观念

目睹了医院重症监护区的生死无常之后，张嘉佳原本绝望的心渐渐变得坦然，人生观也跟以前不同了。“遇到事情就问自己，会不会死？不会，那去他的，试试就试试；会，那不能搞。”这时的他，已经把之前所有情感失败的乌云全都赶走，因为他觉着，除了生死，没有什么能让他感到紧张了，一切都是浮云。

在《从你的全世界路过》里，有人为了帮助移情别恋的前女友，不惜倾家荡产；有人为了维护自己喜欢的男人，在酒吧以豁命架势跟人拼酒；有人不断回忆已逝妻子做过的黑暗料理；有人失恋后把前女友留下的东西装在后备厢里，开车一直走，直到汽车抛锚……故事的开头总是这样，适逢其会，猝不及防；故事的结局总是这样，花开两朵，天各一方。

虽然都是悲剧的结局，但是仍能给我们带来那些往往只有亲身经历过才能感知的道理。我们在享受阅读的快感时，仿佛身临其境，我们不再是旁观者，而是这个故事中的主角。故事不断地在我们脑海中演绎，而推动整个故事发展的则是我们的眼睛。

> **张嘉佳语录**
>
> “一个人的记忆就是一座城市，时间腐蚀着一切建筑，把高楼和道路全部沙化。如果你不往前走，就会被沙子掩埋。所以我们泪流满面，步步回头，可是只能往前走。”

所谓挫折

前妻已经重新结婚生子，但张嘉佳从头至尾没有说过一句她的坏话。在他

看来，爱情自有期限，爱情里所有的人物，谁也不错、谁也无过，好像只是命中注定。

2014 年，张嘉佳以狗女儿梅茜的口吻与视角，写出了 7 个心动篇章和 37 个让人笑中带泪的故事。这一个个故事，是梅茜眼中的时间与距离、拥有与消逝，是张嘉佳讲给千万人的睡前故事，也是一份汪星人送给地球人的温暖礼物。张嘉佳再次以这部自信与温暖之作告诉世人，所谓挫折只是命中注定的一点波澜罢了。

张嘉佳曾在微博中写道："可能学习成绩一般，还被留级过。可能恋爱经历一般，还被劈腿过。可能工作职位一般，还被咆哮过。可能身材长相一般，还被忽略过。就因为还活着，按自己方式活着，能哭能笑能吃能睡能玩命，所以，我们不是末等生，我们是一等兵……"

在被他的作品触动之后，曾经遭受挫折、做惯学习或生活末等生的我们，也应该树立一种一等兵意识，按自己的方式，或者坚信总有一天，我们会从自己爱的人的全世界路过，然后化作一个逗号，静悄悄地待在他或她的脚边。

参考资料

[1] 佚名. 一个作家，一辈子只能干一件事. 青年商旅报,2012-10-19（16）.

[2] 沈佳音，胡雅君. 莫言凭什么战胜村上春树?. Vista 看天下，2012（28）: 117-119.

[3] 陶林，许海峰. 莫言的故事. 江苏：江苏文艺出版社，2013.

[4] 李乃清. 莫言: 惟一一个报信者. 南方人物周刊，2010（6）:70-75.

[5] 王帆. 韩寒 H 档案. 万卷出版公司，2010.

[6] 南方周末. 说吧，韩寒. 二十一世纪出版社，2013.

[7] 张嘉佳. 从你的全世界路过. 湖南文艺出版社，2013.

[8] 佚名. 张嘉佳帮宁财神代班 < 非诚勿扰 > 调侃财神. 重庆晚报，2014-02-26.

[9] 张漪. 张嘉佳：情感无需导师. 扬子晚报，2014-07-16（A27）. http://epaper. yzwb. net/html_t/2014-07/16/content_173170. htm?div=-1.

[10] 肖鹰."天才韩寒"是当代文坛的最大丑闻. 中国青年报,2014-08-19 (09).

[11] 吴子茹. 韩寒：和过去的韩寒后会无期. 中国新闻周刊，2014（27）:74-80.

[12] 佚名. 张嘉佳：真诚是我的核心竞争力. 山东商报，2013-11-12

[13] 金涛. 80 后作家张悦然：哪个贝壳里藏了我的记忆?. 中国青年报，2007-12-21.

[14] 张悦然，等. 新概念十年纪念版：假如明天没有太阳. 万卷出版公司，2008.

[15] 巴山. 张悦然：文字女妖的黑白底片. 辽宁青年，2010（8）.

[16] 齐书勤. 张悦然不僛韩寒郭敬明. 半岛晨报，2009-11-14.

[17] 吴莹. 最魂牵梦萦的是家乡小镇姜灶. 南通画报，2014-03-04.

[18] 樊琴琴. 张嘉佳：情感无需导师. 都市消费晨报，2014-07-28.

[19] 王丽. 张嘉佳：凭微博讲故事变成富豪作家. http://www.cyone.com.cn/Article/Article_30246.html.

[20] 高宇飞. 张嘉佳：说我矫情的人不懂我 32 岁成名很合适. 京华时报，

2014-07-04（029）.

[21] 蔡震. 张嘉佳南京签售粉丝疯狂. 扬子晚报，2013-11-25（A23）.

[22] 蒋方舟. 我为什么要当天才. http://blog.sina.com.cn/s/blog_3e89803f010005ip.html.

[23] 蒋方舟. 所有的墙壁，其实都是门. 羊城晚报，2011-09-18（B2）.

[24] 李乐生. 蒋方舟：最希望的还是当个“写小说”的. 南风，2013（4）.

[25] 佚名. 蒋方舟侃谈清华初体验 称理科男生让人绝望. 武汉晨报，2008-10-08.

[26] 凤凰网文化. 蒋方舟：我承认自己不是女性知识分子. http://culture.ifeng.com/niandaifang/special/jiangfangzhou/fangtan/detail_2013_11/22/31485039_8.shtml.

[27] 蒋方舟. 我当然不希望成为偶像. http://news.ifeng.com/mainland/special/guaiqingnian/jiangfangzhou.shtml.

[28] 柴彦超. 副主编蒋方舟：有时候像青楼头牌. http://blog.ifeng.com/article/31604464.html.

[29] 史川楠，周东旭. 蒋方舟：不要轻易向不情愿的事就范. http://news.ifeng.com/mainland/special/guaiqingnian/jiangfangzhou.shtml?_from_ralated

[30] 张自言. 蒋方舟：不再少女，不做天才. Vista看天下. 2013（32）：112-115.

[31] 蒋雪婕. 蒋方舟：聪明人不会被考试玩弄. 中国青年报. 2011-01-10.

[32] 刘波，蒋方舟. 蒋方舟：我的清华体验. http://www.ftchinese.com/story/001038263/.

[33] 邱晓雨，莫言. 对话莫言：痛苦时产生的幽默感是活下去的方式. 国际在线. http://gb.cri.cn/27824/2012/10/11/6651s3882899.htm.

[34] 莫言. 讲故事的人——莫言诺贝尔文学奖演获奖演说. 新东方英语，2013（2）：27-31.

[35] 佚名. 其人：自由成长，文心飞扬. 京江晚报，2010-07-27.

[36] 翟文婷. 郭敬明：最商业的作家最文艺的商人. 创业邦，2012（4）：50-53.

[37] 鸿爪，郭敬明. 专访郭敬明：“做导演，是在和全世界较劲”. 电影，

2013（7）.

[38] 喻盈，沈佳音，王潇潇．郭敬明和这个成功学时代．Vista看天下，2013（16）：40–47.

[39] 张卓，季艺，钱杨，孙航．郭敬明谈进军影视圈：会像我当年进文坛一样震死他们．人物，2013（7）：64–74.

[40] 小亮．郭敬明：母爱之光照耀我的小时代．知音·海外版，2013（9）：30–31.

[41] 张卓．时代宠儿郭敬明．中国周刊，2010（3）：86–93.

[42] 曹雪萍．张悦然：早已迈入成年人的行列．新京报．2006–10–25.

[43] 俞晓兰．张悦然专访：她的前世是一株灿烂蓬勃的葵花．华夏时报，2004–08–11.